장흥석의 **참** 쉬운
중국어 문법

장흥석의 참 쉬운 중국어 문법

© 장흥석, 2019

1판 1쇄 인쇄__2019년 02월 10일
1판 1쇄 발행__2019년 02월 20일

지은이__장흥석
펴낸이__홍정표

펴낸곳__글로벌콘텐츠
　　　　등록__제 25100-2008-000024호

공급처__(주)글로벌콘텐츠출판그룹
　　　　대표__홍정표　디자인__김미미　기획·마케팅__노경민 이조은 이종훈
　　　　주소__서울특별시 강동구 풍성로 87-6(성내동) 1, 2층　전화__02-488-3280　팩스__02-488-3281
　　　　홈페이지__www.gcbook.co.kr

값 14,500원
ISBN 979-11-5852-232-2 03720

장흥석의 참 쉬운

중국어 문법

장흥석 지음

글로벌콘텐츠

필자는 현대 중국어 문법을 전공하여 오랫동안 중국어 문법을 연구하였고, 또한 대학과 대학원 등에서 가르쳐왔다. 중국어는 표의문자로서 표음문자인 한국어와 다른, 말의 순서와 문법을 가지고 있다. 그리고 표기체제는 간체자로서 글자 하나하나가 조합하여 말이 되고, 문장을 이룬다. 중국어 문장을 구성하고 있는 단어와 어순, 그리고 그 규칙을 잘 익히고 활용한다면 문법에 맞는 정확한 중국어를 말할 수 있다. 그동안 강단에서 여러 교재를 사용해 보니, 시중에 나온 문법서가 대부분 중국어 원서나 혹은 일본어 원서를 번역하거나 부분적으로 정리하여 낸 책으로, 가르치는 가운데 많은 부족함을 느꼈다. 특히, HSK 대비로 나온 책이나 요약식의 서적을 접하면서 문법을 전공한 필자는 학생뿐만 아니라 일반인들도 체계적이고 쉽게 배울 수 있는 좋은 문법서를 집필하고자 다짐하였다. 그리하여 저자는 중국어 문법을 배우려고 하는 모든 사람들이 문법을 쉽게 이해하고 배울 수 있도록 하기 위하여 중국어 문법에서 꼭 필요로 하는 개념과 내용들을 총 망라하여 이 한 권의 책에 수록하였다. 특히, 실례를 들어 설명함으로써 실생활에서 사용하는 문장을 통하여 정확하고 실제적인 문법 규칙을 적용할 수 있게 하였다.

이 책은 중국어의 기본 개념에서부터 시작하여 중국어의 순서, 그리고 문장을 이루는 12개의 품사와 6개의 문장 성분을 체계적으로 서술하였다. 요리에 비유한다면 12품사는 요리의 각종 재료로서 이 재료는 여섯 문장 성분의 다양한 맛을 내게 된다.

각종 시험을 대비하는 수험생이나 대학생 일반인들이 문법에 대한 이해와 지식이 체계적으로 잡혔으면 하는 간절한 마음에서 책을 집필하고자 하였다.

책이 완성되기까지 그동안 교학 제 분야에서 함께 하며 도움을 주신 교수님들과 선생님들, 사랑하는 학생들과 늘 지지하고 응원하여준 가족에게 깊은 감사를 드린다.

장흥석

Contents

Contents

Contents

본서에서 사용한 문법 용어는
"현대한어"를 참고하여 다음과 같이 사용한다.

≪语法用语≫

名词 명사 (名)
代词 대명사 (代)
动词 동사 (动)
能愿动词 능원동사, 조동사(能动)
形容词 형용사 (形)
数词 수사 (数)
量词 양사 (量)
副词 부사 (副)
介词 개사, 전치사 (介)
连词 연사, 접속사 (连)
助词 조사 (助)
叹词 감탄사 (叹)
象声词 의성사 (象声)
词头 접두사 (头)
词尾 접미사 (尾)

主语 주어
谓语 술어, 위어
宾语 목적어, 빈어
状语 상어, 상황어, 부사어
定语 정어, 관형어
补语 보어

장흥석의 **참** 쉬운

중국어 문법

제1장

중국어와
문법

중국어는 **한(汉)민족**의 **언어**로 중국의 주요언어이다. 현대 중국어의 표준어는 '보통화'이다. 보통화는 베이징 말소리(语音)를 표준음으로 삼고 북방어를 기초 방언으로 하고, 모범적인 현대백화문 저작을 문법 규범으로 하는 현대 한민족의 공통어이다.

중국어의 한 음절은 성모, 운모, 성조로 이루어졌는데, "中国话"의 "중" 자를 예를 들면 다음과 같다.

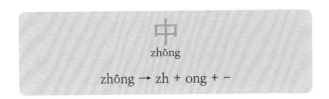

中
zhōng

zhōng → zh + ong + ‒

여기서 "zh"는 성모, "ong"는 운모, "o"위에 "‒"은 성조 표기 부호로 1성을 나타낸다. 이처럼 중국어의 한 음절은 성모, 운모, 성조로 한 음절을 이루고 있다. 하나하나의 음절들이 모이면 단어가 되고, 단어가 모여 구(phrase)를 형성하고 구가 또 모여서 우리가 말하는 중국어 문장을 이루게 된다. 이러한 문장에는 단어의 구성과 변화, 구와 문장의 조직을 포함한 중국어의 **구조 규칙**이 있는데, 이를 "중국어 문법"이라고 한다.

중국어 문법에서 사용되는 단위로는 형태소, 단어, 구, 문장으로 나누어지는데, 이 문법 단위를 작은 단위에서 큰 단위로는 "형태소<단어<구<문장"으로 나타낼 수 있으며 개별 단위에 대하여 구체적으로 살펴보면 다음과 같다.

형태소(语素)는 소리를 나타내는 가장 작은 음절이다. 가장 작은 의미 있는 언어성분으로 어근, 어미, 접두사, 접미사가 있는데, 다시 더 작은 단위로 나눌 수 없는 한 음절을 말한다. 단음절로 이루어진 것과 쌍음절 또는 다음절로 이루어진 것이 있다. 예를 들면 다음과 같다.

学 民 桌 子 就 天 语 老 草 土 地 图 书 咖啡 尼龙 奥林匹克……

쌍음절이나 다음절은 주로 외래어를 음역한 글자이다. 형태소는 단독으로 단어로 쓰일 수 있는 형태소와 쓰일 수 없는 형태소로 나눈다. 즉, "花, 人, 看, 上……" 등은 독립적 단어로 쓰일 수 있는 형태소이고, "第, 者, 们……" 등은 독립적 단어로 쓰일 수 없는 형태소이다.

단어(词)는 독립적으로 쓰일 수 있는 의미를 가지고 있는 한 단위를 말한다. 단어는 실사와 허사로 구분한다. 허사는 단독으로 문장 성분으로 쓰일 수 없는 말로 주로 문법 관계를 나타내는데, 부사, 전치사, 접속사, 조사, 감탄사, 의성사가 속하고, 실사는 실제적인 의미를 가지고 있는 말로 명사, 동사, 형용사, 수사, 양사, 대명사가 속한다.

我 就 的 了 在 看 吃 葡萄 他們 漂亮 而且 因为……

구(词组, 短语)는 두 개의 단어로 이루어진 말이다. 즉, 최소 두 개 이상의 단어가 모여서 하나의 품사 역할을 하는 것을 말한다. 예를 들면 "나의 친구"를 중국어로 하면 "我朋友"라고 하는데, "我"와 "朋友" 두 개의 단어가 모여서 하나의 구를 이루는 것이다. 또 다른 예를 들면 "빵을 먹는다"는 "吃面包"라고 하는데 이는 "吃"와 "面包"가 합하여 하나의 구를 이룬 것이다. 자주 사용되는 구로는 다음과 같은 것이 있다. "주술구, 술목구, 편정구, 술보구" 등이 있다. 주술구는 주어와 술어로 이루어진 구를 말하고, 술목구는 술어와 목적어로 이루어진 구를 말한다. 편정구는 수식어와 피수식어로 이루어진 구를 말하고 술보구는 술어와 보어로 이루어진 구를 말한다. 예를 들면 다음과 같다.

她们回来	→ 주술구	说汉语	→ 술목구
一件衣服	→ 편정구	听不懂	→ 술보구

문장(句子)은 한 단어 혹은 여러 단어들이 모여서 화자의 의사를 나타내는 단위이다. "누가", "어찌한다"라는 기본 골격을 이루는 단어에 "무엇을", "어디서", "어떻게" 등의 말을 적당한 위치에 넣어 완전한 뜻을 이루는 것이다. 각각의 문장은 억양에 따라서 평서문, 의문문, 감탄문으로 나뉜다. 평서문은 하나의 일을 서술하고 설명하는 문장이다. 어떤 것은 긍정적으로 서술하는 것이고, 어떤 것은 부정적으로 서술하는 것이다. 문장 끝에 마침표 "。"가 사용된다. 의문문은 의문의 억양을 나타내는 문장으로 문장 끝에 대부분 의문부호 "?"가 붙는다. 감탄문은 강렬한 감정을 나타내는 문장으로 문장의 끝에 감탄부호 "!"를 사용한다.

▶ footnote

본문의 예문은 북경대학 한어말뭉치(汉语语料库)에서 인용하였고 《현대한어사전(现代汉语词典)》과 참고 문헌에 나오는 예문을 참고하였다.

我们学习汉语语法。　우리는 중국어 문법을 공부한다.
你的电话号码是多少?　당신의 전화번호는 몇 번입니까?
你的女儿好漂亮啊!　당신의 딸은 정말 예뻐요!

문장 내부에는 문장 성분이 있는데, 이는 단어와 단어가 문장 구조 가운데서의 관계로 문장을 서로 다른 구성 부분으로 나눈다. 문장 성분은 주어, 술어, 목적어, 부사어, 관형어, 보어 6개로 나누는데, 주어와 술어가 문장의 가장 중요한 기본적인 성분이고 나머지 목적어, 부사어, 관형어, 보어는 문장의 부수적 성분이다. 주어는 술어의 서술 대상으로 술어가 말하는 사람이 누구인지 혹은 사물이 무엇인지를 가리키는 문장 성분이다. 술어는 주어에 대하여 서술하고 주어가 어떠한지 혹은 무엇인지를 설명하는 문장 성분이다. 목적어는 동작이 지배하거나 관련된 대상으로 일반적으로 동사 뒤에 나온다. 부사어(状语)는 술어의 의미가 분명하게 드러나도록 술어를 수식하거나 제한하는 성분을 부사어라고 한다. 동작이나 행위의 상태, 범위, 시간, 장소, 방식, 대상, 성질이나 상태의 정도를 나타낸다. 관형어(定语)는 중심어를 수식하거나 제한하는 성분으로 "관형어+的+중심어"의 형식으로 사용된다. ▶

보어는 술어를 보충하여 설명하는 역할을 하는 문장 성분이다. 동작의 상황, 결과, 수량, 성질이나 상태의 정도 등을 나타낸다. 실례를 들어 문장 성분을 살펴보면 다음과 같다.

▶ footnote

중국어에서 수식어는 관형어와 부사어가 있다. 중심어는 관형어의 수식을 받는 말로서 피수식어라고도 한다. 부사어의 수식을 받는 말은 술어로서 피수식어로 사용된다.

他们是学生。　주어+술어+목적어

그들은 학생이다.

我的老师总是找我做事。　관형어+주어+부사어+술어+목적어

저의 선생님은 늘 나를 찾아 일을 하신다.

我们刚刚吃完早饭。　주어+부사어+술어+보어+목적어

우리는 방금 아침밥을 다 먹었다.

제2장

**중국어의
어순**

어순은 단어가 구나 문장 가운데 앞뒤에 위치하는 **순서**로 중국어 문법에서 매우 중요하다. 중국어의 일반적인 어순은, 주어는 술어의 앞에 나오며, 복적어는 술어의 뒤에 온다. 또한 부사어는 술어의 앞에 나오고, 관형어는 주로 명사가 사용되는 중심어의 앞에 온다. 하지만 화자의 필요에 따라서 문장 가운데 어순이 바뀌거나 어순을 바꾸게 되면 문장의 뜻이 달라지기 때문에 청자는 어순의 변화에 주의해야만 한다. 중국어의 문장은 술어가 중심이 되어 주어와 목적어가 앞뒤로 오는 "주어+술어+목적어" 구조가 가장 전형적인 어순이다. 주어가 자주 생략되기도 하고, 술어나 중심어가 부사어와 관형어의 수식을 받아 문장이 길어지기도 한다. 이제 중국어의 어순을 크게 6가지 문장 형식으로 나누고 이에 대하여 살펴보자. 6가지 문장 형식의 어순을 나열하면 아래와 같다.

1문형: 주어+술어

2문형: 주어+술어+목적어

3문형: 주어+부사어+술어+목적어

4문형: 주어+술어+보어+(목적어)

5문형: 관형어+주어+술어+관형어+목적어

6문형: 부사어, 관형어+주어+부사어+술어+보어+관형어+목적어

"주어+술어"의 어순은 목적어가 없는 문장으로 술어는 자동사나 시간명사 혹은 형용사가 온다. 형용사는 목적어가 올 수 없어 술어로 사용된다. 형용사 뒤에 "了"가 오면 형용사 앞에 정도부사가 올 필요 없이 단독으로 술어로 사용할 수 있다.

> 他走了。　그는 갔다.
> 窗户关着。　창문이 닫혀 있다.
> 明天星期六。　내일은 토요일이다.
> 鲜花开了、苹果熟了。　꽃이 피고 사과가 익었다.

"주어+술어+목적어"의 어순은 중국어에서 가장 일반적인 순서로 술어는 목적어를 가질 수 있는 타동사가 온다. 형용사는 목적어를 가질 수 없으므로 이 문장 형식에 사용할 수 없다.

> 咱们喝酒。　우리들은 술을 마신다.
> 我知道他在哪儿。　나는 그가 어디에 있는지 알고 있다.
> 他觉得可笑极了。　그는 정말 웃기다고 생각한다.

"주어+부사어+술어+목적어"의 어순은 술어 앞에 부사어가 나와서 술어를 수식해주는 구조이다. 일반적으로 부사나 개사구 혹은 조동사 등이 부사어로 사용되어 술어의 앞에 온다. 부사어는 때에 따라 문장 맨 앞에 올 수도 있다.

> 我刚到加拿大。　나는 막 캐나다에 도착했다.
> 她圆满地完成自己的学业。　그녀는 원만하게 자신의 학업을 완성하였다.
> 1、2年级的学生每天上午上课。　1, 2학년 학생은 매일 오전에 수업을 한다.
> 原来你是故意来寻我们开心的。　원래 너는 고의로 우리를 찾아와 기쁘게 한 것이다.

"주어+술어+보어+(목적어)"의 어순은 술어 뒤에 보어가 나오는 구조로 보어 뒤의 목적어는 생략되기도 한다. 보어로는 결과보어, 방향보어, 가능보어, 상태보어, 정도보어, 수량보어 등이 사용된다.

他们听得懂北京话。　그들은 베이징 말을 알아들을 수 있다.

我看见我面前的桌子。　나는 내 눈 앞의 책상을 보았다.

这本书写得还不错。　이 책은 꽤 괜찮게 썼다.

"(관형어)+주어+술어+(관형어)+목적어"의 어순은 주어와 목적어의 앞에 관형어가 나와 주어와 목적어를 수식해주는 구조이다. 주어와 목적어는 명사나 대명사가 주로 사용되고, 관형어로는 대명사, 형용사, 개사구 혹은 수량사구 등이 사용되어 주어를 수식한다.

这天是奶奶的生日。　이 날은 할머니의 생신이다.

记者参观了他们的养殖场。　기자는 그들의 양식장을 참관하였다.

我读了关于中国历史的书籍。　나는 중국역사에 관한 서적을 읽었다.

"부사어, 관형어+주어+부사어+술어+보어+관형어+목적어"의 어순은 6가지 문장 구조 가운데 가장 긴 구조로 "주어+술어"의 기본 구조에 수식어와 보어가 모두 나와 이루어진 문장 구조이다. 부사어가 길거나 강조를 하고자 한다면 부사어를 문장 맨 앞에 위치시켜 사용하기도 한다.

在肯德基，我的学生刚刚吃完了两个汉堡堡。
KFC에서 내 학생이 방금 햄버거 두 개를 다 먹었다.

在酒吧，我的老板慢慢地喝完了一瓶啤酒。
술집에서 나의 사장님이 천천히 맥주 한 병을 다 마셨다.

상술한 어순에서 사용된 문장 성분은 모두 6개인데, 문장 성분으로 사용될 수 있는 품사와 구를 정리하면 다음과 같다.

주어: 명사, 대명사, 수사, 양사, 수량구, 주술구 등

술어: 동사, 형용사, 명사, 대명사, 수사, 주술구 등

목적어: 명사, 대명사, 동사, 형용사, 형용사구, 주술구 등

보어: 동사, 형용사, 대명사, 수량구, 주술구 등

부사어: 부사, 명사, 대명사, 형용사, 개사구, 조동사 등 ▶

관형어: 형용사, 명사, 대명사, 동사, 보어구, 개사구 등

▶ *footnote*

부사어로 사용되는 품사 가운데 일반적으로 조동사는 개사구의 앞에 위치하지만 때로는 조동사와 개사구 둘 중에 어느 것 하나의 의미를 강조하고자 순서가 뒤바뀌기도 한다. 만약 개사구의 의미를 강조한다면 개사구를 술어 앞에 놓거나, 조동사의 의미를 강조한다면 조동사를 술어의 앞에 놓기도 한다. 예를 들면 다음과 같다.

我今天能在地图上找到北京。
나는 오늘 지도에서 베이징을 찾을 수 있었다.
我今天在地图上能找到北京。
나는 오늘 지도에서 베이징을 찾을 수 있었다.

제3장

명사

1. 정의

명사는 사람이나 사물의 **명칭**을 나타내는 말이다. 여기에는 시간이나 공간, 방위를 나타내는 말을 포함한다.

2. 분류

명사는 의미에 따라 〈표1〉과 같이 나눌 수 있다.

footnote

〈표1〉에서 시간, 방위, 장소를 나타내는 명사는 다른 명사와 특징과 기능이 모두 같은 것은 아니다.

〈표1〉▶ 명사 분류

분류	예
일반명사	天 山 水 笔 酒 专家 老师 教室 辞典 桌子 学生 人口 衣服 房子 电脑 算盘 皮鞋 面粉 粮食 因特网
고유명사	首尔 北京 明洞 王林 大卫 长城 韩国 朴娜贤
집합명사	人类 车辆 书本 纸张 船只 书籍
추상명사	道德 意识 意义 恩情 头脑 水平 原则 品质
시간명사	春 夏 秋 冬 今天 昨天 明天 后天 今年 去年 明年 上午 下午 现在 过去 将来 白天 晚上
방위명사	上 中 下 前 后 左 右 前边 后边 里面
장소명사	北京 学校 海边 医院 前面 旁边 附近 天安门

단어의 앞뒤에 명사 접두사와 접미사를 붙여 명사를 만들기도 한다. 자주 사용하는 명사, 접두사와 접미사는 아래 〈표2〉와 같다.

〈표2〉 명사와 접사

접사	예	접미사	예
阿	阿姨 阿爸 阿爹 阿毛	学	科学 医学 文学 语言学
老	老婆 老头 老虎 老大	性	人性 理性 男性 女性
初	初一 初冬 初夏 初稿	员	职员 人员 演员 学员
子	孩子 桌子 椅子 夹子	长	家长 校长 院长 厂长
儿	盖儿 花儿 画儿 棍儿	士	人士 战士 护士 博士
头	石头 手头 木头 骨头 馒头	师	律师 导师 厨师 美容师
者	记者 作者 前者 后者 读者	工	木工 电工 车工 临时工
家	作家 专家 画家 音乐家	观	主观 客观 人生观
手	歌手 选手 对手 高手	主义	浪漫主义 现实主义

③ 구조 특징

명사는 일반적으로 주어, 목적어, 관형어로 사용될 수 있으나, 단독으로 술어로 사용될 수 없다. 또한 부사어로도 쓰이지 않는다. 하지만 시간명사나 절기, 본적의 의미를 가지는 명사는 술어로 사용될 수 있고, 시간명사는 주어의 앞뒤에서 부사어로도 쓰일 수 있다. 예를 들면 다음과 같다.

今天星期一。　오늘은 월요일이다.

后天冬至。　글피는 동지이다.

王明上海人。　왕명은 상하이 사람이다.

爸爸妈妈昨天回来了。(○) → 昨天爸爸妈妈回来了。(○)

아빠와 엄마는 어제 돌아오셨다.

명사는 대다수 "수사+양사" 형식인 수량구의 수식을 받을 수 있다. 일반적으로 명사는 수사와 직접적으로 결합하지 않는다.

수사와 명사 사이에 양사가 와서 "수사+양사+명사"의 형식으로 반드시 함께 사용되어야 한다.

一张床	一封信	两朵花	三批货
침대 하나	편지 한 통	꽃 두 송이	세 무더기 화물
一幅画儿	一套衣服	两把椅子	三杯牛奶
한 폭의 그림	옷 한 벌	의자 두 개	우유 세 잔

명사는 일반적으로 부사의 수식을 받을 수 없다. 하지만 "就, 光, 只, 仅, 仅仅" 등의 부사는 명사 앞에 쓰여서 "다만, 단지"의 의미로 범위를 확정하며 수량이 굉장히 적음을 나타낸다. 이러한 부사들은 주어의 앞에만 올 수 있다.

全班六个人，就他是初中生。

전체 반이 6명인데, 그만이 중학생이다.

今年家里光她就有上万元收入。

올해 집안에서 그녀만이 많은 돈의 수입을 벌었다.

一家五口人，只他一个人上班。

온 가족이 다섯 식구인데, 그 한 사람만이 출근한다.

명사는 일반적으로 중첩을 할 수 없다. 중첩을 할 수 있는 것은 "天, 月, 年, 岁, 家, 户, 人" 등의 소수 단음절 명사와 "方面, 上下, 前后, 时刻, 日夜, 里外, 世代, 老少, 男女" 등의 쌍음절 명사뿐이다.

명사가 중첩된 후에는 명사 본래의 의미 이외에도 "각각, 하나하나, 매번, 모두"의 의미를 포함한다.

명사 중첩은 일반적으로 주어나 부사어로 쓰일 수 있다. 쌍음절 명사 중첩은 관형어로도 사용된다. 예를 들면 다음과 같다.

法律面前人人平等。

법 앞에서 만인이 평등하다.

每个人都知道天天要吃要喝。

사람마다 모두 날마다 먹고 마셔야 하는 것을 안다.

他上上下下跑了好几趟。

그는 위에서부터 아래까지 여러 번 뛰었다.

它的成长离不开方方面面的支持。

그것의 성장은 모든 방면의 지지를 떠날 수 없다.

4. 방위명사

방위명사는 방향과 위치를 나타내는 말로서 단순방위명사와 합성방위명사 두 가지로 나뉜다. 단순방위명사는 "上, 中, 下, 前, 后, 左, 右, 内, 外, 西, 南, 东, 北, 里, 旁"의 1음절 방위명사로 이 단순방위명사에 "边, 面" 등이 결합하여 2음절 합성방위명사를 만든다. 단순방위명사와 합성방위명사를 표로 나타내면 다음과 같다.

〈표3〉 방위명사

	东	南	西	北	上	下	前	后	左	右	里	外	内	中	旁
边	东边	南边	西边	北边	上边	下边	前边	后边	左边	右边	里边	外边			旁边
面	东面	南面	西面	北面	上面	下面	前面	后面	左面	右面	里面	外面			

명사나 명사구 뒤에 방위명사를 붙이면 "장소"를
나타내어 장소명사가 된다. 보통명사가 장소를 나타
낼 때는 명사의 뒤에 항상 방위명사를 붙여야 한다.

一本书在桌子上。

책 한 권이 책상 위에 있다.

*一本书在桌子。

我的钱包在床头几上。

나의 지갑은 침대 머리맡 테이블에 있다.

*我的钱包在床头几。

나라 이름과 지명의 뒤에는 다시 방위명사 "里"를 붙일 수 없다. 왜냐하면 나
라이름이나 지명이 장소명사로 사용되면 방위명사 "里"를 절대 붙이지 못한다.
하나의 장소로 볼 수 있는 일반명사의 의미로 사용되어도 "里"를 붙이지 못한다.

她现在在天津。　그녀는 지금 천진에 있다.

*她现在在天津里。

北京的汽车实在太多了。　북경의 자동차는 실제로 너무 많다.

*北京里的汽车实在太多了。

首尔是韩国的首都。　서울은 한국의 수도이다.

단위기구를 나타내는 말의 뒤에는 "里"를 붙일 수도 있고, 붙이지 않을 수도 있다.

我爱人在公司工作5年了。(○)

我爱人在公司里工作5年了。(○)

제 배우자는 회사에서 5년 일하였습니다.

大家急匆匆在食堂买了面包。(○)

大家急匆匆在食堂里买了面包。(○)

모두 부리나케 식당에서 빵을 샀다.

일부 동사나 개사의 뒤에는 장소를 나타내는 말이 직접 목적어로 쓰이는데, 목적어가 인칭 대명사이거나 또는 사람이나 사물을 나타내는 보통 명사이면 그 뒤에 "这里, 这儿, 那里, 那儿"을 붙이거나 방위명사를 붙여서 하나의 명사구나 대명사구를 이루어 장소를 나타낸다. 예를 들면 다음과 같다.

他马上来我这儿。

그는 즉시 나한테 온다.

你到桌子那儿看看有没有报纸。

너는 탁자가 있는 그곳에 신문이 있는지 좀 보라.

最近我从朋友那儿得到诠释。

최근 나는 친구가 있는 그곳에서 해석을 하였다.

我每星期去田老师那儿学画。

나는 매주 전 선생님이 계신 그곳에서 그림을 배운다.

집합명사의 앞에는 일반 양사가 올 수 없다. 다만 정해지지 않은 양을 나타내는 수량구는 올 수 있다.

一些船只正在装卸。

일부 선박들이 마침 짐을 싣고 부리고 있다.

*几条船只正在装卸。

문장 가운데 복수를 나타내는 말이 있으면 그 말 뒤에는 복수접미사 "们"을 쓰지 않는다.

很多朋友都会参加今天晚会。

매우 많은 친구들이 모두 오늘 이브닝 파티에 참가할 것이다.

*很多朋友们都会参加今天晚会。

三位老师今天一起来谈一谈这个话题。

세 분의 선생님이 오늘 이 화제에 대하여 함께 좀 말씀하러 오셨다.

*三位老师们今天一起来谈一谈这个话题。

1. 다음 문장에서 틀린 곳을 고치시오.

(1) 今天是1月6天。

(2) 老师现在在上海里。

(3) 她那天晚上写了一信。

(4) 今年家里光她就有上万元收入。

(5) 去年我是过老师，这年我是经理了。

(6) 毛泽东湖南省韶山人，生于1893年12月26号。

(7) 它的成长方方面面离不开支持。

(8) 去年我在纽约里学过英语。

(9) 三位老师们今天一起来谈一谈这个话题。

(10) 中国社会已经经验了百多年的现代化过程。

(11) 爸爸在给你写那些信的时候，和我妈妈也很恩情。

(12) 他们很愿望去尝试，但是不一定他们去尝试就成功。

(13) 她是我在这世界上能够爱情的唯一的人。

(14) 后来知道小伙子是刚才毕业不久的技校学生。

(15) 年轻人甚至一辈子也没有来过这里以前。

제4장

동사

::: 동사와 동사 중첩 :::

1. 정의

동사는 사람이나 사물의 **동작**, **존재**, **변화**를 나타내는 말이다. 주로 동작, 행위, 심리 활동, 상태의 발전이나 변화, 판단, 소유, 존재를 나타내는 낱말을 모두 말한다.

2. 분류

동사는 의미에 따라서 다음과 같이 분류할 수 있다.

〈표4〉 동사의 분류

분류	예
동작동사	吃 跳 打 切 飞 骑 喝 给 看 写 画 站 谈 听 说 走 问 买
행위동사	展示 选择 检查 服务 观察 同意 发明 表示 通过 禁止
심리동사	爱 喜欢 讨厌 怀念 关心 尊重 感动 想念 希望 担心 放心
관계동사	叫 像 姓 是 有 当做 成为 等于
방향동사	上 下 来 去 出 过 回
조동사	要 想 愿意 可能 能 能够 可以 可 会 应该 应 得 要

동사는 문장 가운데 술어로 쓰이고 목적어를 가질 수 있는데, 목적어는 대부분 명사나 대명사이다.

> 她爱吃中国菜。　그녀는 중국요리를 먹는 것을 좋아한다.
>
> 妈妈老听音乐。　엄마는 늘 음악을 듣는다.
>
> 我爸爸感谢他们。　나의 아빠는 그들에게 감사한다.

동사 "开始, 进行, 希望, 认为, 打算, 难以, 予以, 得以, 给以, 加以, 觉得, 受到, 遭到" 등은 명사나 대명사 목적어를 가지지 않고, 동사나 동사구 혹은 형용사를 목적어로 가진다.

> 全体职员进行讨论。　모든 직원은 토론을 한다.
>
> 我们明天开始学汉语。　우리는 내일 중국어를 배우기 시작한다.
>
> 大家都感到高兴。　모두 기쁘다고 느낀다.

동사 "怕, 希望, 认为, 以为, 发现, 看见" 등은 "주어+술어"로 이루어진 주술구를 목적어로 가질 수 있다.

> 我看见他来了。
>
> 나는 그가 오는 것을 보았다.
>
> 警察以为他是日本人。
>
> 경찰은 그가 일본사람이라고 생각한다.
>
> 我希望你能参加今晚的联欢会。
>
> 나는 네가 오늘 저녁 친목회에 참가할 수 있기를 희망해.

일부 동사 "给, 送, 交, 教, 问, 拿, 告诉, 通知, 报告" 등은 목적어를 두 개 가질 수 있다. 목적어를 두 개 가진 문장을 "이중목적어문"이라고 한다.

她<u>告诉</u>我父亲这件事。

그녀는 나의 아버지에게 이 일을 알린다.

他<u>借</u>给我这本数学书。

그는 나에게 이 수학책을 빌려준다.

我想<u>送</u>她一束玫瑰花。

나는 그녀에게 장미 한 송이를 주고 싶다.

일부 동사 "休息, 观光, 旅游, 指正, 出发, 出生, 前进, 失败" 등은 목적어를 가질 수 없다.

＊我朋友旅行香港。

＊明天早上我们出发校门口。

＊他出生首尔。

이러한 동사는 알맞은 동사를 사용하거나 개사를 사용하여 목적어를 이끌 수 있다.

我朋友<u>去</u>香港旅行。

내 친구는 홍콩에 여행을 간다.

明天早上我们<u>从</u>校门口出发。

내일 아침에 우리는 학교 입구에서 출발한다.

他出<u>生于</u>首尔。

그는 서울에서 태어났다.

이 외에도 목적어를 가질 수 없는 동사로 "이합(离合)동사"가 있다. 자주 사용되는 이합동사에는 "毕业, 帮忙, 出差, 结婚, 见面, 聊天, 睡觉, 约会, 洗澡, 照相, 着急, 鼓掌, 游泳, 送行" 등이 있다.

---

*他今年毕业大学。

*有时侯，上网聊天朋友。

*我多年没见面这位老战友了。

*旁边又有一个父亲帮忙他。

이합동사는 하나의 동사가 "술어+목적어"의 구조로 이루어져 술어와 목적이를 분리할 수 있다. 동사 자체에 이미 목직어를 포함하고 있기 때문에 동사의 목적어를 이합동사의 뒤에 놓을 수 없다. 따라서 이 목적어를 개사를 사용하여 이합동사의 앞에 놓는다. 혹은 동사를 동일한 의미의 동사로 바꾸어 목적어를 나타낸다.

他今年从大学毕业。

그는 올해 대학교로부터 졸업한다.

有时侯，上网和朋友聊天。

때때로, 인터넷에 접속하여 친구와 이야기를 나눈다.

我跟这位老战友多年没见面了。

나는 이 옛 전우와 여러 해 만나지 못했다.

旁边又有一个父亲帮助他。

옆에 또 그를 돕는 한 아버님이 계신다.

"担心"과 같은 동사는 일반 동사와 이합동사 두 가지로 함께 사용된다. 일반 동사처럼 목적어가 뒤에 올 수도 있고 이합동사처럼 두 음절의 사이에 목적어가 오기도 한다. 실례를 들면 다음과 같다.

当他没来的时候，我担心他。

그가 오지 않았을 때, 나는 그를 걱정한다.

我不明白你到底在担什么心。

나는 네가 도대체 뭘 걱정하고 있는지 이해하지 못한다.

동사는 시태조사 "了, 着, 过"를 가질 수 있다. 시태조사 "了, 着, 过"는 동사의 뒤에서 각각 동사가 나타내는 동작의 "완료, 지속, 경험" 등의 상태를 나타낸다.

他昨天在电影院看了一部电影。

그는 어제 영화관에서 영화 한 편을 보았다.

他正在电影院看着一部电影。

그는 마침 영화관에서 영화 한 편을 보고 있다.

他前几天在电影院看过一部电影。

그는 며칠 전에 영화관에서 영화 한 편을 본 적이 있다.

동사는 일반적으로 부사의 수식을 받을 수 있다. 부사는 부사어로서 술어인 동사를 수식한다. 예를 들면 다음과 같다.

朋友们都来向他道贺。

친구들은 모두 그에게 축하하러 온다.

她会马上去找自己的助教。

그녀는 곧 자신의 조교를 찾으러 갈 것이다.

有人说："没听清，请再念一遍。"

어떤 사람은 "잘못 들었어요, 다시 한 번 읽어주세요"라고 말하였다.

그러나 동사는 부사 가운데 "很, 太, 非常, 十分" 등의 정도를 나타내는 정도 부사의 수식을 받을 수 없다. 다만 심리 활동을 나타내는 동사와 일부 조동사 "能, 会, 愿意" 등은 정도 부사의 수식을 받을 수 있다. 예를 들면 다음과 같다.

她非常担心他的安全。

그녀는 그의 안전을 매우 걱정한다.

争吵之后两个人都很生气。

말다툼을 한 후에 두 사람은 모두 매우 화가 났다.

金小姐真会说笑话儿。

김양은 농담을 정말 할 줄 안다.

동사의 의문문은 동사의 긍정 형식과 부정 형식을 나란히 병렬하여 의문을 나타낼 수 있다. 이러한 의문문은 "정반의문문"이라고 부른다.

你到底来不来?

너는 도대체 오는 거야 안 오는 거야?

她听没听音乐?

그녀는 음악을 들었니 안 들었니?

这部电影你喜不喜欢?

이 영화를 너는 좋아하니 싫어하니?

위에서 예로 든 정반의문문은 이미 의문을 나타내고 있기 때문에 문장의 끝에 의문어기조사 "吗"를 또 붙이지 않는다. 만일 "吗"를 사용하게 되면 의문의 억양이 중복되기 때문에 문장은 성립하지 않는다.

*你去不去图书馆吗?

부정형식은 동사의 앞에 부정부사 "不"나 "没"를 더하면 된다. 일반적으로 현재를 부정하는 의미를 나타낼 때는 "不"로 부정하고, 동작이나 행위의 완료에 대한 부정은 "没"로 한다. 예를 들면 다음과 같다.

她不努力学习英语。

그녀는 열심히 영어를 공부하지 않는다.

我朋友不喜欢吃羊肉。

내 친구는 양고기 먹는 것을 좋아하지 않는다.

他今天没来办公室。

그는 오늘 사무실에 오지 않았다.

4. 동사 중첩

동사는 중첩하여 사용할 수 있는데, 동사를 단음절과 쌍음절로 나누어 중첩 방식을 나누어 보면 〈표 3〉과 같이 분류된다.

〈표5〉 동사 중첩

	형식	예
단음절 동사 A	AA	看看 说说 听听
	A了A	读了读 吃了吃 来了来
	A—A	坐一坐 打一打 听一听
	A来A去	走来走去 想来想去
쌍음절 동사 AB	ABAB	商量商量 学习学习 休息休息
	AB了AB	修理了修理 研究了研究 收拾了收拾
	AABB	吵吵闹闹 说说笑笑
	AB来AB去	讨论来讨论去
	AAB	帮帮忙 散散步 聊聊天

단음절 동사는 "A—A" 형식과 같이 동사의 중간에 "—"를 넣어서 중첩 형식을 만들 수 있지만 쌍음절 동사는 그 사이에 "—"를 넣어 중첩시킬 수 없다.

*学习—学习
*研究—研究
*参观—参观

동사가 중첩되면 자체적으로 의미를 가진다. 기본적으로 동작의 양이 적고 시간의 길이가 짧음을 나타낸다.

好，你等一等。
좋아, 너 좀 기다려.

你闻闻这朵花多么香。
너는 이 꽃이 얼마나 향기로운지 냄새를 좀 맡아봐.

睡不着，我到门外去散散步。
잠을 이룰 수가 없어, 나는 문 밖으로 산보를 좀 간다.

동작의 강도가 약함을 나타낸다.

往上扯扯领巾。
스카프를 위로 좀 끌어 당겨.

老李确是有时候想摸一摸自己儿女的小手。
이씨는 확실히 때때로 자신 딸의 작은 손을 좀 만지고 싶어 한다.

"A来A去" 형식은 동작의 시간이 길고 동작이 매우 많고 반복함을 나타낸다.

> 你搬来搬去忙些什么?
>
> 너는 이리저리 옮기면서 뭐로 좀 바빠?
>
> 我问来问去问不到。
>
> 나는 이리저리 물어보고 물어 볼 수 없었다.

동사의 중첩식이 여러 문장 유형에서 활용되어 기본 의미가 파생되어 시도의 의미를 가진다.

> 小张，你摸摸我的手。
>
> 장군, 너 내 손을 좀 만져봐.
>
> 我给你说说看，行不行可不保证。
>
> 내가 너에게 좀 말해보는데, 될지 안 될지는 보증하지 못한다.

평서문, 의문문, 명령문 등에서 활용되어 부드러움, 완화, 가벼움을 나타내기도 한다.

> 等等走，你忙什么?
>
> 좀 기다리가 가, 너 뭐가 그리 바빠?
>
> 这孩子看看马丽、点点头闭上了眼睛。
>
> 이 아이는 메리를 좀 보고, 머리를 끄덕이며 눈을 감았다.
>
> "好吃就多吃点，尝尝排骨吧!"
>
> 맛있으면 좀 많이 먹고, 갈비를 좀 맛봐!

동작이나 행위를 나타내는 동사는 중첩을 할 수 있지만, 동작을 나타내지 않 거나 동작이 지속되지 않는 동사는 중첩할 수 없다. 실례를 들면 다음과 같다.

> 那个国家的最高领导人病了。
>
> 그 나라의 최고 지도자가 아프다.
>
> 他现在已经成为一个很有经验的教师了。
>
> 그는 지금 이미 경험이 풍부한 교사가 되었다.
>
> 我跟父亲一起把烟断了。
>
> 나는 아버지와 함께 담배를 끊었다.

　　일부 사물을 주거나 받는 의미를 지니는 동사는 두 개의 목적어를 가지는데, 이러한 동사가 두 개의 목적어를 가질 때 중첩을 할 수 없다.

> 老师给我一个任务。
>
> 선생님께서 나에게 하나의 임무를 주신다.
>
> 他送我一件礼物。
>
> 그는 나에게 하나의 선물을 준다.

　　동사가 나타내는 동작이 진행되고 있거나 혹은 동시에 진행되는 두 개 이상의 동작을 나타낼 때 동사를 중첩할 수 없다.

> *人們又说说又笑笑。
>
> *他看看书呢。

문장 가운데 동사의 뒤에 보어가 있을 경우에는 중첩할 수 없다.

*你休息休息一下儿吧。

조동사의 경우에는 중첩을 할 수 없다.

*你应该应该帮帮他。

동사의 뒤에 시태조사"了, 着, 过"가 쓰인 문장에서는 동사를 중첩할 수 없다.

*我早看看过这本书。

연동문과 겸어문의 첫 번째 동사는 중첩을 할 수 없다.

*我去去图书馆看书。
*我请请朋友来做客。

1. 다음 문장에서 틀린 곳을 고치시오.

(1) 他自己朝我点头了点头就走了。

(2) 她一边看看电视，一边听听音乐。

(3) 考试结束后，我们打算一次天津的旅游。

(4) 下个周末，我们要进行一次晚会。

(5) 他尝尝了菜，觉得还行。

(6) 我們进行讨论讨论吧。

(7) 他明天可能没在公司，要出差南方。

(8) 大家正在学习学习这篇课文。

(9) 爸爸不太知道我最近的生活情况。

(10) 我们每天晚上都在校园里散步散步。

(11) 我爱人今天下午去机场送行她朋友。

(12) 我是学现代汉语的，毕业北京师范大学。

(13) 我在大学打乒乓球过。

(14) 后来她睡觉了，不知多长时间睡觉。

(15) 在北京，我旅行过很多地方。

(16) 这道数学题不难，你回去考虑一考虑就会明白。

::: 조동사 :::

1. 정의

동사의 한 종류로, 동사나 일부 형용사 앞에 놓여 각 단어를 **도와** "가능, 희망, 필요, 당위" 등의 의미를 나타낸다.

2. 분류

조동사(能愿动词)는 의미에 따라서 다음과 같이 크게 세 종류로 나눈다.

〈표6〉 조동사 분류

	예
희망	要 想 愿意 情愿 肯 敢
가능	可能 能 能够 可以 可 会
필요	应该 应 应当 该 得 要

3. 구조 특징

조동사는 반드시 동사나 일부의 형용사 앞에 놓인다.

你会说汉语吗? 당신은 중국어를 말하실 줄 아세요?

她的病应该好了。 그녀의 병은 마땅히 좋아졌을 거다.

你可以参加这次活动。 너는 이번 활동에 참가해도 된다.

동사 앞에 개사구가 있으면 조동사는 개사구의 앞에 놓인다. 즉, "조동사+개사구" 형식으로 사용된다.

你应该向他学习。 너는 그에게 배워야만 한다.

연동문과 겸어문에서 조동사는 첫째 동사의 앞에 놓인다.

我会去找他.　나는 그를 찾아갈 것이다.

我会让他去找你。　나는 그로 하여금 너를 찾으러 가라고 할 것이다.

조동사는 중첩할 수 없고 시태조사"了, 着, 过"도 부가할 수 없다. 조동사 자체로 동작의 상태를 나타낼 수 없어 시태조사를 부가할 수 없다.

*你不明白可以可以问问他。

*她愿意了跟我一起去。

*他会着说简单的汉语。

부정형식은 일반적으로 조동사 앞에 "不"를 쓴다. 단, "能, 能够, 想" 등은 "沒"로 부정을 할 수 있다.

我不想发表什么意见。

나는 어떤 의견도 발표하고 싶지 않다.

中学生一定不能去尝试毒品。

중고등학생은 반드시 마약을 시도해서는 안 된다.

在没毕业之前我不会结婚。

졸업을 하기 전에 나는 결혼하지 않을 것이다.

去年太忙没能参加同学聚会，看来今年也不能去了。

작년에 너무 바빠서 동창회에 참가할 수 없었는데, 보아하니 올해도 갈 수 없다.

上了一天的课，换了三个教室都没能够上网。

온 종일 수업을 하였고, 세 개의 교실을 바꾸었는데도 모두 인터넷에 접속할 수 없었다.

의문문은 조동사의 긍정 형식과 부정 형식을 나란히 늘어놓는 형식을 사용하여 나타낸다. 조동사를 그대로 두고 그 뒤에 나오는 일반 동사의 긍정 형식과 부정 형식을 나란히 늘어놓아 의문을 나타내지 않는다.

她会不会担心?

그녀는 걱정을 하니?

*她会担心不担心?

他能不能来参加比赛?

그는 시합에 참가하러 올 수 있니?

*他能来不来参加比赛?

你愿不愿意去美国学习?

너는 미국에 가서 공부하는 것을 원하니?

*你愿意去不去美国学习?

조동사는 때로 동사의 의미를 나타내 술어로 직접 사용될 수 있다. 이때에는 조동사가 일반 술어로 사용되기 때문에 목적어의 앞에 바로 놓인다. 예를 들면 다음과 같다.

有些时候我好想他。

때때로 나는 그를 매우 그리워한다.

要糖和牛奶不要?

사탕과 우유를 원합니까?

打的到学校只要十分钟。

택시 타고 학교에 도착하는 데 단지 10분이 걸린다.

如果您不会英文的话，那就无法认路。

만약 당신이 영어를 할 줄 모른다면, 길을 알 방법이 없다.

4. 상용 조동사의 용법

1) 会

배우거나 경험을 통하여 어떤 능력을 갖추었거나 객관적으로 어떤 조건을 구비했을 경우에 "会"를 사용한다.

他会说汉语。　그는 중국어를 말할 줄 안다.

他会游泳。　그는 수영을 할 줄 안다.

"会"를 사용해서 추측이나 짐작을 나타낼 수 있다. 문장 끝에는 종종 "的"를 부가하여 "~일 것이다"라는 의미로 사용된다.

他会来吧。　그는 올 것이지.

他会来的。　그는 올 것이다.

不努力，会跟不上的。　노력하지 않으면 따라잡을 수 없을 것이다.

生病去运动，病会加重的。　병이 났는데 운동하러 가면 병은 더 심해질 것이다.

처음으로 어떠한 동작이나 기능을 익혔을 경우 "会"를 많이 사용한다.

我终于会开车了。

나는 마침내 차를 운전할 줄 알게 되었다.

她女儿刚一岁就会走了。

그녀의 딸은 막 한 살이 되었는데, 걸을 줄 안다.

他参加了学习班，现在会用电脑了。

그는 학습반에 참가해서 현재는 컴퓨터를 사용할 줄 안다.

조동사 앞에 정도부사 "很", "最", "真"등이 올 수 있다.

我朋友很会说汉语。

내 친구는 중국어를 잘 말할 줄 안다.

你很会学习，取得了较好的学习效果。

너는 공부를 잘 할 줄 알아서, 비교적 좋은 학습효과를 얻었다.

2) 能

어떤 능력을 갖추었거나 객관적으로 어떤 조건을 구비했을 경우에 "能"을 사용한다.

他能说汉语。

그는 중국어를 말할 수 있다.

他能游泳。

그는 수영을 할 수 있다.

"能"을 사용해서도 추측이나 짐작을 나타낼 수 있다. "能"은 "会"와 다르게 "的"를 부가하지 않는다.

他能来吧。

그는 올 수 있지.

他能来。

그는 올 수 있을 것이다.

갖추어진 능력이 있어 비교적 높은 정도와 수준에 이르렀음을 나타낼 때는 "能"을 사용한다.

他能用汉语写上千字的论文。

그는 중국어로 천 자의 논문을 쓸 수 있다.

他能说一口流利的汉语。

그는 유창한 중국어를 말할 수 있다.

我一分钟能打600字。

나는 1분에 600자를 칠 수 있다.

어떤 능력을 회복할 수 있음을 나타낼 경우엔 "能"만 사용할 수 있다.

病好后，他又能运动了。

병이 나은 후에 그는 또 운동을 할 수 있게 되었다.

我的牙不疼了，能吃饭了。

내 이가 이제는 아프지 않아, 밥을 먹을 수 있게 되었다.

"能"을 부정하면 "不能"이 되는데, "~할 수 없다"의 의미뿐만 아니라, "~해서는 안 된다"의 "금지"의 의미를 가지어 "不应该"의 뜻으로 사용된다.

任何时候都不能松懈。

어떤 때라도 해이해서는 안 된다.

话可不能这样说。

말은 정말 이렇게 말해서는 안 된다.

做人要诚实，不能说谎。

사람이 되려면 성실해야하고, 거짓말을 해서는 안 된다.

学汉语，不能三天打鱼，两天晒网。

중국어를 배우는데, 하다말다하면 안 된다.

조동사 "能"의 앞에도 "很", "最", "真" 등의 정도부사가 올 수 있다. "能"은 주로 "능력"의 의미에 치중되어 있다.

他很能干农活儿。

그는 농사일을 잘 할 수 있다.

她很能说英语。

그녀는 영어를 잘 말할 수 있다.

3) 可以

허가의 의미를 나타내거나 가치가 있음을 나타내는 경우에 많이 쓰인다. 부정문보다 긍정문에 많이 사용된다.

这本书写得不错，你可以看看。

이 책은 잘 써졌는데, 네가 좀 봐도 된다.

大夫，我可以进来吗?

의사 선생님, 제가 들어가도 되겠습니까?

我明天可以来。

나는 내일 올 수 있다.

朋友有困难，我可以帮他。

친구가 곤란하면, 나는 그를 도울 수 있다.

"可以"는 단독으로 문장의 술어가 될 수 있지만 "能"은 불가능하다.

明天你去也可以。　내일 너는 가도 된다.

*明天你去也能。

4) 要

어떤 일을 하고자 하는 의지나 바람을 나타낸다. 문장은 희망의 뜻을 가지고 있다.

> 他要去北京旅行。
> 그는 북경에 여행을 가려고 한다.
> 我朋友要来美国留学。
> 내 친구는 미국에 와서 유학을 하려고 한다.
> 我要回老家去看看。
> 나는 고향에 돌아가 좀 보고 싶다.

"~해야만 한다"의 의미를 나타내기도 하는데, 주로 아직 일어나지 않은 일에 쓰인다.

> 下雪路滑，开车要小心。
> 눈이 와서 길이 미끄러워, 운전할 때는 조심해야만 한다.
> 做事之前，要好好想一想。
> 일하기 전에 잘 좀 생각해야 한다.

일반적으로 부사 "快"나 "將", 혹은 문장 끝의 "了"와 호응하여 "장차 ~하려고 한다"의 의미를 나타낸다.

> 比赛快要开始了！ 시합은 곧 시작한다.
> 下星期要期中考试了。 다음 주에 곧 중간고사이다.
> 天阴了，可能要下雪了。 날이 흐려서 아마 곧 눈이 올 것이다.

비교문에 쓰여 어떤 상태에 대한 판단의 의미를 강조하여 표시할 수 있다.

这个比那个要好。

이것은 저것보다 좋다.

今天比昨天要热些。

오늘은 어제보다 좀 덥다.

5) 应该

마땅히 어떻게 해야 한다는 당위성을 표시한다.

老师应该认真教课。

선생님은 마땅히 진지하게 수업해야만 한다.

中国人应该会说汉语。

중국인은 마땅히 중국어를 말할 줄 알아야만 한다.

가능성이 있거나 필연적인 결과를 추측이나 짐작하는 것을 나타낸다.

这次考试他应该能通过吧。

이번 시험은 그가 마땅히 통과할 수 있을 것이다.

这么晚了，他应该回来了吧。

이렇게 늦었는데, 그는 분명히 돌아왔겠지.

6) 得

사실상 필요로 함을 나타내 "~해야 한다"의 의미를 나타낸다. 비교적 의무성이 있으며 입말로 많이 사용한다.

今天我得早点儿回家。

오늘 나는 좀 일찍 집에 가야 한다.

如果你想得到好成绩，就得努力学习。

만약 네가 좋은 성적을 얻고 싶으면 노력해서 공부해야 한다.

办入学手续要交学费，得先去银行取些钱。

입학수속을 밟으려면 학비를 내야해, 먼저 은행에 가서 돈을 좀 찾아야 한다.

1. 다음 문장에서 틀린 곳을 고치시오.

(1) 我向她应该说说我的故事。

(2) 放学后我请他会吃洋芋。

(3) 心情不好也不愿意了跟别人说。

(4) 文化传播可以可以通过多种途径进行。

(5) 之前人类一直都没能解决这个问题。

(6) 我不知道今天他能来不来接见咱们。

(7) 她女儿刚一岁就可以走了。

(8) 她一分钟会打一百五十字。

(9) 我的牙不疼了，会吃饭了。

(10) 天阴了，可能可以下雪了。

(11) 一周岁左右会着说一些单个词的句子。

(12) 你去上海可以找她呀!

(13) 边澄，你愿意交不交我这个朋友?

(14) 你可以不会家务，但不能不会花钱。

(15) 就这样，我想我一个人也能。

(16) 我们已经损失了快得1000万黄金了。

제5장

형용사

1. 정의

형용사는 사람과 사물의 **성질**과 **상태**를 나타내는 말이다.

2. 분류

성질형용사(=일반형용사): 好 坏 整齐 美丽 正确 伟大 优秀 严重 清楚 仔细

상태형용사: 通红 雪白 冰凉 笔直 漆黑 瓦蓝 血红 碧绿 焦黄 煞白 滚圆

    상술한 성질형용사와 상태형용사 이외에도 구별형용사가 있다. 구별형용사에는 "男, 女, 正, 副, 双, 单, 公, 母, 雌, 雄, 彩色, 黑白" 등이 있다. 이러한 형용사는 술어로는 쓰일 수 없고 관형어로만 쓰이며, 일반적으로 "不"를 써서 부정할 수 없고, 대부분 "非"를 써서 부정한다. 또한 대부분 "很"의 수식을 받을 수 없다.

他问彩色电视机怎么样?　그는 컬러텔레비전이 어떠냐고 물었다.

这样的事例并非个别。　이러한 실례는 결코 개별적인 것이 아니다.

他们三个全都是冒牌的。　그들 세 명은 모두 가짜이다.

형용사는 목적어를 가지지 않는다.

*合适我

*健康了身体

*满意自己的成绩

형용사는 때로 목적어를 가지기도 하는데, 이때 형용사는 동사로 바뀐다. 이러한 단어는 동사와 형용사로 모두 쓰일 수 있어 "겸류사"라고 부른다.

丰富自己 (O)

充实自己 (O)

형용사는 술어로 쓰인다. 형용사는 단독으로 술어로 쓰이지 않고, 일반적으로 평서문에서 술어로 쓰일 때에는 정도부사 "很", "非常" 등의 수식을 받거나 형용사 자체를 중첩한다. ▶

혹은 형용사의 뒤에 조사 "了"나 보어 "起来"를 사용하여 술어로 사용할 경우에는 형용사의 앞에 정도보어를 사용할 필요가 없다.

> *footnote*
>
> 의문문과 부정문에서는 정도부사를 사용하지 않는다.

天气很冷。 날씨가 매우 춥다.

房间里冰冷冰冷的。 방안은 얼음같이 매우 차갑다.

天气冷了起来。 날씨가 추워지기 시작했다.

我们的眼睛都红了。 우리의 눈은 모두 빨개졌다.

형용사가 단독으로 술어로 쓰일 때에는 일반적으로 대조나 비교의 의미가
포함되어 있다.

今天比昨天冷。　오늘은 어제보다 춥다.

他个子高，我个子矮。　그는 키가 크고, 나는 키가 작다.

春天暖和，秋天凉快。　봄은 따뜻하고, 가을은 서늘하다.

형용사는 명사의 앞에서 관형어로 쓰인다. 이때에 단
음절 형용사는 형용사와 명사 사이에 구조조사 "的"
가 오지 않고, 쌍음절 형용사는 고정적 용법▶을 제외하
고 형용사와 명사 사이에 구조조사 "的"가 온다.

妈妈做了女儿的新衣服。

엄마는 딸의 새 옷을 만들었다.

他的办公室用的是旧桌子、旧凳子。

그의 사무실에서 사용하는 것은 낡은 책상과 걸상이다.

这个洋娃娃有一个非常漂亮的小女孩的形象。

이 인형은 매우 예쁜 어린 소녀의 이미지를 가지고 있다.

형용사는 동사의 앞에서 부사어로 쓰인다. 이때에 단음절 형용사의 뒤에는 구
조조사 "地"가 오지 않고 쌍음절일 때는 두 가지의 경우로 나눈다. 첫째, 해당 형
용사가 부사어로 동작자를 묘사하면 "地"를 반드시 붙여야 하고, 둘째, 해당 형
용사가 동작을 묘사하면 "地"를 붙일 수도 있고 붙이지 않을 수도 있다. 형용사
의 중첩이나 형용사 구(phrase)는 "地"를 붙인다.

这里就不多说了。

여기는 더 이상 말하지 않겠다.

他激动地一遍一遍地看着。

그는 감격하여 한 번 한 번 보고 있다.

我立即把书从头到尾仔细读了一遍。

나는 즉시 책을 처음부터 끝까지 자세하게 한 번 읽었다.

她高高兴兴地跑到我面前。

그녀는 매우 신나게 내 앞에 달려왔다.

형용사는 동사의 뒤에서 보어로 쓰인다. 이때에 동사와 형용사의 사이에 구조조사 "得"가 오기도 하고 오지 않기도 한다.

天气变暖了。　날씨가 따뜻해졌다.

我终于想明白了。　나는 이제야 확실히 알겠다.

每家都打扫得很干净。　집집마다 매우 깨끗하게 청소하였다.

我今天到复旦来穿得很整齐。　나는 오늘 복단에 오는데 매우 단정하게 옷을 입었다.

형용사는 일반적으로 정도부사의 수식을 받는다.

房价和食物都很便宜。

집값과 음식물은 모두 매우 싸다.

印度的历史非常长，文化传统悠久。

인도의 역사는 매우 길고, 문화전통은 유구하다.

国家特别关怀青少年的健康成长。

국가는 특별히 청소년이 건강하게 자라는 것에 관심을 가지고 보살핀다.

그러나 상태형용사는 정도부사의 수식을 받을 수 없다. 상태형용사는 형용사 자체적으로 정도가 깊은 의미를 가지고 있기 때문에 그 앞에 정도부사를 놓아 수식할 수 없다.

*我看她的脸非常通红。

*这座大厅四壁真雪白。

*那条路并不那么特别笔直。

형용사를 부정할 때에는 일반적으로 "没"를 쓰지 않고 "不"를 쓴다.

有些人说我累，实际上我不累。(*没累)

어떤 사람은 내가 피곤하다고 말하는데, 실제로 나는 피곤하지 않다.

美国发现基础教育质量不高。(*没高)

미국은 기초교육 품질이 높지 않음을 발견하였다.

那个小姐不漂亮。(*没漂亮)

저 아가씨는 예쁘지 않다.

어떤 성질이나 상태에 변화가 나타나지 않음을 나타낼 때에는 "不"를 쓰지 않고 "没"를 쓸 수도 있는데, 대개 형용사의 앞에 "还"가 오거나 문장 끝에 어기조사 "呢"가 함께 온다.

天气还没冷呢。　날씨가 아직 춥지 않다.

病没好呢，再休几天吧。　병이 낫지 않았으니, 며칠 더 쉬어.

天还没亮呢，一会儿再出去吧。　날이 아직 밝지 않았으니, 잠시 후에 나가자.

형용사는 중첩하여 사용할 수 있는데, 형용사를 단음절과 쌍음절로 나누어 보면 중첩 방식은 〈표7〉과 같이 분류된다.

〈표7〉 형용사 중첩

	형식	예
단음절 형용사 A	AA	大大 高高 长长 红红
	ABB	热乎乎, 胖乎乎, 冷冰冰, 暖洋洋
쌍음절 형용사 AB	AABB	高高兴兴, 大大小小
	ABAB	笔直笔直, 雪白雪白
	A里AB	糊里糊涂, 土里土气

형용사를 중첩한 후에는 단어의 의미 정도가 더욱 강하거나, 묘사의 정도도 강화되는 작용이 있어, 정도부사가 중첩된 단어를 수식할 수 없다.

> *非常快快的
>
> *今天真高高兴兴
>
> *十分糊里糊涂的

A里AB식의 중첩 방식은 혐오와 경멸의 의미가 담겨 있어, 부정적 의미를 가지고 있는 형용사에 한해서만 쓰인다. 이러한 형용사는 다음과 같다.

> 慌张 马虎 拉杂 流气 啰嗦 傻气 土气 小气 邋遢

형용사 중첩은 술어, 관형어, 부사어, 보어로 쓰일 수 있는데, 술어와 보어로 쓰일 때에는 어기조사 "的"를 많이 붙여 쓴다.

형용사는 중첩을 할 수 있고 중첩의 여부는 습관에 의해 결정되나, 모든 형용사를 다 중첩시킬 수 있는 것은 아니다. 중첩할 수 없는 형용사는 다음과 같다.

方便 美丽 严肃 整洁

형용사와 동사 두 가지 중첩 형식을 가진 형용사를 겸류사(兼类词)라고 하는데, 겸류사가 동사로 쓰여 중첩을 하면 관형어, 부사어, 보어로 쓰이지 않는다. 예를 들면 다음과 같다.

① 高高兴兴的样子

　매우 기쁜 모습

　高高兴兴地说

　매우 기쁘게 말하다

　玩得高高兴兴

　매우 즐겁게 놀다

　烦恼说出来, 高兴高兴

　걱정하는 것을 말하면, 매우 기뻐진다

② 热热闹闹的晚会

　매우 시끌벅적한 이브닝 파티

　热热闹闹地开个晚会

　매우 시끌벅적하게 야회를 열었다

　晚会开得热热闹闹

　이브닝 파티가 시끌벅적하게 열리다

　开个晚会, 热闹热闹

　이브닝 파티를 열어, 시끌벅적하게 하다

이와 같은 겸류사에는 "啰嗦, 干净, 明白, 清楚, 暖和, 漂亮, 大方, 规矩, 老实, 唠叨, 麻烦" 등이 있다.

1. 다음 문장에서 틀린 곳을 고치시오.

　　(1)她相当满意自己的分数。

　　(2)亲爱的，这件衣服是太贵。

　　(3)这两点在交际中的作用都是很重要。

　　(4)10天后，他们就带着"儿子"非常高高兴兴地回国了。

　　(5)东尼想了一想，说："她长得漂不漂亮吗？"

　　(6)他激动一遍一遍地看着。

　　(7)我们抬头对望，两个人立刻满脸特别通红。

　　(8)一直到被逮捕时，我还是十分糊里糊涂的。

⑼他们更友好我了，再也不敢惹我了。

⑽书价没便宜，可是我的亲朋中不少人掏钱买了。

⑾每个中国人都跟我说他有名、重要。

⑿面积很小，但交通方方便便的。

⒀琴鸟的尾巴长得美美丽丽的。

⒁这位很土里土气的中国一所中学的体育教师，从没迈出过国门。

제6장

대명사

1. 정의

대체작용을 하여, 사람이나 사물을 **대신**하는 말을 대명사라고 한다.

2. 분류

대명사는 인칭대명사, 지시대명사, 의문대명사 모두 세 종류로 나뉜다.

1) 인칭대명사

• 정의

사람을 대신하여 지칭하는 말이다. 인칭과 수에 따라 다음과 같이 분류할 수 있다.

〈표8〉 인칭대명사의 단수·복수형

인칭	단수	복수
1인칭	我	我们, 咱们
2인칭	你	你们
3인칭	他 她 它	他们 她们 它们
기타	人家, 大家, 自己, 别人	

• 상용 인칭대명사의 용법

〈我们〉

"我们"은 1인칭 복수로서 "우리들"이란 뜻의 의미로 사용된다. "我们"은 화자 쪽만을 가리키어 화자를 강조하고자 할 때 사용한다.

> 我们去学校，你们去哪儿?
>
> 우리는 학교에 가는데, 너희들은 어디에 가?
>
> 妈妈，今天我和姐姐都有事，你别等我们了。
>
> 엄마, 오늘 저와 누나는 모두 일이 있으니, 우리를 기다리지 마세요.
>
> 你们去吧，我和小王周末得去老师家，我们就不去了。
>
> 너희들은 가, 나와 왕 군은 주말에 선생님 댁에 가야하니, 우리는 가지 않을게.

"咱们"도 "우리들"이란 의미로 "我们"과 의미가 서로 상통하는데, "我们"과 다르게 일상적 회화에서 많이 사용되며, 대화 가운데 참여하고 있는 화자와 청자를 모두 포함한다.

> 你来得正好，咱们商量一下。
>
> 네가 마침 잘 왔어, 우리 좀 상의하자.
>
> 小雨，周末咱们一起去长城吧。
>
> 우군, 주말에 우리 함께 만리장성에 가자.

"我们"이 때로 청자를 포함할 경우에는 "咱们"과 함께 사용될 수도 있다.

> 你明天有事吗? 没事的话我们一起去吧。(咱们)
>
> 너 내일 일이 있어? 일이 없으면 우리 함께 가자.

<人家>

  일반적으로 "人家"는 1인칭이나 2인칭 이외의 3인칭인 "그", "그들", 혹은 "다른 사람"을 일반적으로 가리키지만, 경우에 따라서는 1인칭인 "나"를 가리키기도 한다.

不合语法的字词难免引起人家的误会，所以不好。

문법에 맞지 않는 구절은 사람들의 오해를 사기 마련이다.

他又没法子向人家解释清楚。

그는 또 사람들에게 똑똑히 해석할 방법이 없다.

我既然觉悟了，知道以前不对了，你为什么还要笑话人家？

나는 깨달은 바에야, 이전에 틀렸다는 것을 알았는데, 너는 왜 아직 사람들을 비웃어?

<大家>

  일정한 범위 내에 있는 모든 사람을 가리키는 의미로 사용된다. 자주 "我们", "他们", "咱们", "你们"의 대명사 뒤에 놓인다.

观众朋友，大家好，欢迎收看《海峡两岸》节目。

시청자 여러분, 안녕하세요, 《해협 양안》프로그램 시청을 환영합니다.

我们大家谁也别忘了谁。

우리 모두 누구도 누구를 잊지 마세요.

好吧！出去以后，咱们大家去查清事实再作处置吧！

좋아! 나간 후에 우리 모두 사실을 자세히 조사하여 처리하자!

<自己>

  "自己"는 1인칭이나 2인칭, 혹은 3인칭의 특정한 인칭을 나타내지 않고 어떤 사람이나 사물 그 자체를 가리킨다. 문장에서 단독으로 사용될 수도 있고, 혹은

인칭대명사나 사람의 이름 뒤에 사용되어 인칭대명사나 사람의 이름이 가리키는 사람이나 사물을 확실히 나타낸다.

自己的事，自己拿主意，用不着宣传。

자신의 일은 자신이 생각을 정해야지 선전할 필요가 없다.

他以为别人都在看不起自己。

그는 다른 사람 모두 자신을 무시하고 있다고 여긴다.

他自己也没有地方住，他是住在银行宿舍里。

그 자신도 살 곳이 없어, 그는 은행 기숙사에서 거주한다.

〈别人〉

"别人"은 1, 2인칭을 제외한 3인칭을 일반적으로 가리킨다.

别人的事，他不怎么爱管。

그는 다른 사람의 일에 관여하는 것을 별로 좋아하지 않는다.

家里只有我和姐姐，没有别人。

집에 나와 언니만 있고 다른 사람은 없다.

〈它〉

일반적으로 3인칭에서 사람 이외의 사물을 가리킨다.

握不住的沙不如扬了它。

잡을 수 없는 모래는 그것을 날려버리는 것만 못하다.

什么是系统分析报告？它包括哪些内容？

시스템 분석 보고는 무엇인가? 그것은 어떤 내용을 포함하는가?

2) 지시대명사

• 정의

지시대명사는 사람, 사물, 장소, 시간, 정도 등등을 대신하는 대명사이다. 지시
대명사는 다음 〈표9〉와 같이 분류할 수 있다.

〈표9〉 지시대명사 분류

지시대상 거리	사람 사물	장소	시간	정도	수단 방식	기타
가까운 것	这	这儿, 这里	这时, 这会儿	这么	这样	这么样, 这么着
먼 것	那	那儿, 那里	那时, 那会儿	那么	那样	那么样, 那么着

• 지시대명사의 용법

지시대명사 "这"와 "那"는 "수량사+명사"의 앞에 나와 "这(那)+수량사+명사"
의 어순으로 사용되며 "수량사+명사"를 한정한다. 수량사가 생략되고 "这(那)+
명사"의 어순으로 사용하기도 하고 수사 "一"만 생략하고 "지시대명사+양사+명
사"의 어순으로 사용하기도 한다.

这两件衣服将陈列在北京奥申委的展览大厅中。

이 두 벌의 옷은 베이징 올림픽 유치 위원회 전시 홀에 진열될 것이다.

那几个人没有应老太太的话。

저 몇 명은 노부인의 말에 응답하지 않았다.

那人一愣，把他扶住了。

그 사람이 어리둥절해 하자, 그를 부축하였다.

这道北京菜，我从来没吃过。

이 북경요리를 나는 여태껏 먹어본 적이 없다.

대명사 "这"와 "那"가 "是"자문의 술어 "是" 앞에서 단독으로 나와 문장의 주어로 쓰인다.

这是我弟弟。　이 사람은 나의 동생이다.

那是我们的新书店，挺大的。　저 것은 우리의 새로운 서점으로, 매우 크다.

"这"와 "那"는 때로 시간의 멀고 가까움도 나타낼 수 있다. 현재나 당시의 시간에는 "这时, 这会儿"을 써서 나타내고, 과거나 미래의 시간에는 "那时, 那会儿"을 쓴다.

这时听、说、读、写并进并不断增加泛读。

이때 듣고, 말하고, 읽고, 쓰기를 동시에 진행하고 끊임없이 대충대충 읽는 것을 증가하였다.

那时已有了太学，好入现在的国立大学。

그때 이미 태학이 있었고, 현재의 국립대학에 들어가기 쉬웠다.

那会儿我刚十八岁，就到工厂上班去了。

그때 나는 막 18세였고, 공장에 출근하였다.

대명사 "这么, 那么"와 "这样, 那样"은 동사나 형용사의 앞에서 부사어로 쓰여, 동사나 형용사를 수식하며 "정도"나 "방식"의 의미를 나타낸다.

显然，这样做至关重要。

명백히, 이렇게 하는 것은 지극히 중요하다.

有些音的发音可能变弱，不那么清晰。

어떤 음의 발음은 아마 약하게 변하여, 그렇게 뚜렷하지 않을 것이다.

"这样, 那样"은 관형어로 쓰여 "상태, 성질"을 나타내기도 한다.

> 这样的教材才能受学生欢迎。
>
> 이러한 교재야말로 학생들에게 인기가 있을 것이다.
>
> 在那个环境之下就出现那样的人才。
>
> 그 환경 아래서 그러한 인재가 나온다.

3) 의문 대명사

• 정의

물음을 나타내는 단어를 대신하여 사용하는 대명사이다.

사람: 谁 什么 哪

사물: 什么 哪

시간: 什么(时候) 多会儿 哪会儿

장소: 哪儿 哪里

수량: 多少 几

방법/성질/상태: 怎么 怎样 怎么样

• 상용 의문대명사의 용법

상술한 의문 대명사는 주어나 목적어 위치 등에 묻고 싶은 부분에 해당하는 의문 대명사를 넣어서 의문문을 만든다.

> 什么是教育? 무엇이 교육인가?
>
> 那他究竟是什么人? 그러면 그는 도대체 어떤 사람인가?
>
> 您是什么时候参加工作的? 당신은 언제 일에 참가한 것입니까?
>
> 北京大学在哪儿啊? 베이징 대학은 어디에 있나요?

의문대명사를 사용하여 의문문을 나타내게 되면 문장의 맨 뒤에 일반적으로 의문 어기조사 "吗"를 사용하지 않는다. 단, 문장의 술어의 의미를 강조하고자 한다면 의문대명사와 조사 "吗"를 함께 사용하기도 한다. 이때 문장 끝을 올려 읽는다. 예를 들면 다음과 같다.

你有什么事吗? 너는 무슨 일이 있니?

你要买几个吗? 너는 몇 개를 사려고 해?

你知道他住在哪儿吗? 너는 그가 어디에 사는지 아니?

"哪会儿" "多会儿"은 "언제"라는 뜻으로 "什么时候"와 같은 뜻이며, 글말보다는 주로 입말에 많이 사용한다.

她多会儿都这样，别理她。

그녀는 언제라도 이러했으니, 그녀를 이해하지 마라.

我哪会儿说过我喜欢猫了?

내가 언제 고양이를 좋아한다고 말한 적이 있어?

"多少"와 "几"는 "얼마" 또는 "몇"의 의미로 수를 물어볼 때 사용하는데, "几"는 10이하의 수를 물어볼 때 사용하고 "多少"는 10이하나 10이상의 수에 모두 사용한다. "几"는 문장 안에서 "几+양사+명사"의 순서로 사용되고, "多少"는 "多少+양사+명사" 또는 "多少+명사"의 순서로 양사가 있어도 되고 없어도 된다.

你家有几口人? 가족이 몇 명이나 되죠?

你们班有多少个学生? 당신 반은 학생이 몇 명이나 있나요?

"怎么"는 동작의 방식뿐만 아니라 일이 발생한 이유를 물어볼 수도 있다. "怎样"은 성질을 물어보며, "怎么样"은 문장의 술어나 보어로 쓰여 상태를 물을 수 있다.

下次应该怎么做?

다음은 어떻게 해야 하나요?

小李今天怎么不来上课?

이 군은 오늘 왜 수업하러 오지 않나요?

你根本不了解我是怎样的一个人!

너는 근본적으로 내가 어떠한 사람인지 이해하지 못한다.

你最近过得怎么样?

당신은 요즘 지내는 것이 어떠세요?

"怎么"는 지시대명사 "这么"나 "那么"와 함께 사용되어 형용사를 수식하는 부사어로 사용된다.

今天怎么这么冷?

오늘 왜 이렇게 춥지?

他们怎么那么穷?

그들은 왜 그렇게 가난해요?

"怎么"는 "了"와 함께 사용되어 술어로 사용될 수도 있다.

你的牙齿怎么了?

당신의 이는 왜 그래요?

77

의문대명사는 문장 가운데서 점차로 그 의미가 구체화된다. 정하여지지 않거나 잘 알지 못하거나 혹은 생각나지 않거나 또는 설명할 필요가 없는 사람이나 사물을 가리킬 때 사용한다.

这家伙我好像在哪儿见过。

이 녀석은 내가 어디에서 본 적이 있는 것 같다.

一时吓得不知怎么办才好。

잠시 놀라서 어떻게 해야 할지 몰랐다.

她过生日时我都没给她买点儿什么。

그녀가 생일을 지낼 때도 나는 그녀에게 뭘 좀 사주지 않았다.

의문대명사는 반어문에 사용되어 문장 가운데 임의로 가리키는 것을 나타낸다. 반어문은 문장 끝에 의문부호를 사용하여 의문을 나타내지만, 사실 의문이 아니며 부정형식은 긍정의 뜻을 나타내고 긍정형식은 부정의 뜻을 나타낸다.

谁不知道这件事情?

누가 이 일을 모르겠어?

戏剧与水利有什么关系呀?

연극은 수리와 무슨 관계가 있어?

住在一个胡同，那，我怎么不认识您哪?

같은 골목에 사는데 제가 어떻게 당신을 모를 수가 있어요?

의문 대명사가 "의문대명사+都／也……"의 형식으로 사용되어 임의로 어떤 것을 가리키거나 말하고자 하는 것에 예외가 없이 전부 어떻다는 것을 가리킨다.

谁都不能代替自己。

누구도 자신을 대체할 수 없다.

中国这么大，她哪儿都没有去过。

중국은 이렇게 큰데, 그녀는 어디에도 가본 적이 없다.

　　두 개의 똑같은 의문대명사를 앞뒤로 호응하여 "의문대명사 A……(就)의문대명사 A……"의 형식으로, 의문대명사는 확정되지 않은 똑같은 사람, 사건, 방식 등을 가리킨다.

哪种便宜就买哪种。　싼 것이 있으면 사겠다.

你喝什么我就喝什么。　네가 마시는 것을 나도 마실게.

大家想怎么玩就怎么玩。　모두 놀고 싶은 대로 놀아요.

谁学习好，我就向谁学习。　누가 공부를 잘하면, 나는 그에게 배우겠다.

哪儿有好吃的，他就去哪儿。　맛있는 곳이 있으면 그는 그 곳에 간다.

1. 다음 문장에서 틀린 곳을 고치시오.

(1) 咱们去学校, 你们去哪儿?

(2) 自己讨论来讨论去, 最后商定了一个都可以接受的价位。

(3) 我用羊肉代替猪肉, 你吃了他像吃猪肉一样。

(4) 这会儿我刚十八岁, 就到工厂上班去了。

(5) 人们记住了这日子:3年前的今天。

(6) 在北方很少有这么的天气。

(7) 儿子, 你什么了? 心情不好吗?

(8) 那么她这一回做得怎么了?

(9) 可能，我也不知道什么回事?

(10) 世界上有怎样容易的事情吗?

(11) 这种粽子也并不什么好吃。

(12) 什么件衣服好，你就买什么件。

(13) 目前无论怎么样说，两个公司都是合法的公司。

(14) 我记得好像在哪里电影中看到过这种场面。

제7장

수사

수사는 사물의 **수**나 **순서**를 나타내는 말로 기수(基数)와 서수(序数) 두 종류로 나누어진다. 기수는 정수, 소수, 분수, 배수, 개수(=어림수)가 있고, 서수는 순서나 서열의 先后를 나타내는 말로서 "第"를 사용하여 나타내거나 "第"를 사용하지 않고 나타낸다.

1. 기수

1) 정수

정수는 수와 자릿수를 합하여 나타내는데, 십진법을 사용한다. 즉, 숫자 "零, 一, 二, 三, 四, 五, 六, ……"를 앞에 놓고 자릿수 "个, 十, 百, 千, 万, 十万, 百万, 千万, 亿……"을 뒤에 놓고 이 둘을 합하여 사용한다. 정수는 아래와 같이 읽는다.

·112	一百一十二	·223	两百二十三
·50003	五万零三	·50030	五万零三十
·53000	五万三(千)	·520038	五十二万零三十八
·52300	五万二千三百	·153000	十五万三千
·2017年	二零一七年	·511路班车	五幺幺路班车
·1132 房間	幺幺三二房间	·13391709478	幺三三九幺七零九四七八

정수의 숫자를 읽을 때 일반적인 규칙을 정리하면 다음과 같다.

1. 숫자의 열 중간에 몇 개의 0이 있더라도 0은 한 번만 "零"으로 읽어 준다.

2. 숫자 1은 4성인 글자 앞에서 2성으로 읽고, 4성이 아닌 글자 앞에서는 4성으로 읽는다. 서수로 사용될 때와 문장 맨 뒤에 위치할 때는 원래 성조인 1성으로 읽는다.

3. 숫자 2는 "二"과 "兩"으로 읽는데, 숫자의 중간에 들어가는 2는 "二"로 읽고, 2가 양사의 앞에 오면 "兩"으로 읽는다. ▶ 10이상의 숫자 "12, 22, 32……" 가운데 사용되는 2는 모두 "二"을 사용한다.

4. "110~119, 210~219, 310~319, 410~419, 510~519, 610~619, 710~719, 810~819, 910~919, 1110~1119……"에서는 십이 중간에 들어가 있는데, 이때 십 단위의 자릿수는 "一十~"로 읽는다.

5. 자릿수가 "万" 이상일 때에는 "万"을 단위로 하여 수를 읽어주어야 한다. 뒷자리가 비었을 때는 비어있는 자릿수에 상관없이 읽지 않고 생략해 버린다. ▶

> ▶ **footnote**

만약 "亿" 이상 "兆" 이하이면 "亿"을 기준으로 한다.

6. 차번호는 두 자리일 때는 자릿수까지 읽어주고, 세 자릿수부터는 자릿수는 읽지 않고 숫자만 각각 읽는다. 전화번호, 방 번호, 연도는 습관적으로 각각의 숫자만 읽어주고 자릿수는 읽지 않는다. 전화번호나 방 번호의 숫자 "1"은 일반적으로 "yāo"라고 읽고, 연도는 숫자를 하나씩 읽는데 앞의 글자

> ▶ **footnote**

"二", "兩"과 "俩".
  ⑴ "十"앞에는 "二"만 쓸 수 있다. "百", "千", "万" 혹은 "亿"가 숫자열의 중간에 놓였을 때, 일반적으로 "二"을 쓴다. 맨 앞에 놓였을 때 "百"는 "二" 혹은 "兩"을 쓸 수 있고, "千", "万" 혹은 "亿" 앞에 통상적으로 "兩"을 쓴다.
    二十 二(兩)百 二(兩)百二十二 兩千二百二十万 兩万二千万
  ⑵ 일반적인 양사의 앞에는 "兩"을 쓸 수 있고, "二"을 쓸 수 없으며, 일반적으로 도량형 단위양사의 앞에는 "二"과 "兩"을 모두 쓸 수 있다.
    兩个人(*二个人) 兩部电话(*二部电话) 兩辆汽车(*二辆汽车)
    二斤(兩斤) 二寸(兩寸) 兩亩(*二亩)
  ⑶ "俩"는 "兩个" 즉, "두 개"의 의미를 나타내는데 양사를 사용하지 않는다.

의 영향을 받지 않아 서수이므로 원래대로 "yī"라고 읽는다.

2) 소수, 분수, 배수

• 소수

일의 자리보다 작은 자릿값을 가진 수로 소수점 "."은 "点"으로 읽는다. 소수점의 앞부분은 일반적인 수사와 똑같이 읽고, 소수 뒷부분은 수만을 읽고 자릿수는 읽지 않는다.

·0.7 → 零点七

·12.0038 → 十二点零零三八▶

·314.1592 → 三百一十四点一五九二

▶footnote

소수점 뒤에 나오는 "0"은 모두 읽는다.

• 분수

전체에 대한 부분을 나타내는 수로 분모와 분자로 구성된다. 일반적으로 "분모 分之 분자"로 분모를 먼저 읽는다. 분수가 정수가 앞에 있는 대분수의 경우에는 "정수 又 분모 分之 분자"로 읽는다. 백분율도 분수에 속하고, 일반적으로 분모가 100이므로 "百分之~"라고 읽는다.

·1/3 三分之一   ·3/4 四分之三   ·1과1/5 一又五分之一

·1/15 十五分之一   ·2% 百分之二   ·159% 百分之一百五十九

• 배수

어떤 정수의 몇 배가 되는 수로서, 수사 뒤에 양사 "倍"를 붙여서 나타낸다.

증가하는 상황에서 술어 "多, 增加, 提高" 등의 뒤에 배수가 오게 되면 증가한 수만을 나타내고, 술어의 뒤에 결과보어가 오게 되면 증가한 후의 결과적인 수가 배수로 온다. 감소하는 상황에서는 술어 뒤에 일반적으로 분수형식으로 감소하는 수를 나타낸다. 수사 뒤에 "倍"를 사용하지 않는다.

新买的电脑速度比以前快两倍。▶

새로 산 컴퓨터의 속도가 이전보다 두 배 빠르다.

化肥施用量增长了1.3倍， 粮食产量增长了1.15倍。

화학비료의 사용량은 1.3배 증가하였고, 식량 생산량은 1.15배 증가하였다.

棉花产量一下子比1991年减产了1/5。

목화 생산량은 단숨에 1991년보다 5분의 1 감소하였다.

• 어림수(概数)

이림수는 정확한 수가 아닌 대략적으로 나타낸 숫자로 개수라고도 하는데, 주로 다음과 같이 두 가지 방법으로 나타낼 수 있다.

〈숫자를 연속하여 사용하는 방법〉

두 개의 수를 이웃하여 놓는 것으로, 숫자의 배열은 일반적으로 작은 수에서 큰 수의 순서로 놓는다.▶

三四个　　十三四件　　四五十张　　六七千人

하지만 "九"와 "十", "十"와 "十一"는 연속하여 사용할 수 없다. "九, 十" "十, 十一" 네 개의 수만이 아니라 "九, 十" "十, 十一"가 들어간 모든 수에 다 적용된다.

*十九二十

*二十九三十

*二十二十一

*三十三十一

수사나 수량사(수사+양사) 구의 뒤에 어림수를 나타내는 말을 붙이는 방법으로 상용되는 것으로는 "来", "多", "左右", "前后" 등이 있다.

＜来＞

"来"의 의미는 "来" 앞의 수사가 나타내는 숫자보다 약간 적거나 약간 많음을 나타낸다. 다음의 두 가지 상황이 있다.

(1) 수사가 "1~9"인 경우로 "수사+양사+来+명사"
의 어순으로 사용한다.

　　三个来月　　七里来路　　八斤来米

> **footnote**
>
> 도량사 등의 몇몇 양사로 "斤, 两, 尺, 寸, 年, 天, 元, 角" 등을 사용한다.

(2) 수의 끝이 "0"으로 끝나는 경우로, 즉, "10, 20, 30, 40 ……"인 경우인데, 이때는 "수사+来+양사+명사"의 어순으로 사용한다.

　　二十来个月　　十来个人　　六十来本书

(3) 수사가 "10"인 경우 양사가 나타내는 사물이 나눌 수 있는 것이면 "來"는 양사 앞이나 뒤에 모두 올 수 있다. 양사가 나타내는 사물이 나눌 수 없는 사물인 경우에는 "十+来+양사+명사"의 형식으로 나타낸다.

　　十来块肉　　十块来肉

　　十来个人　　十个来人(X)

　　十来次　　　十次来(X)

<多>

"多"의 의미는 "多" 앞의 수사가 나타내는 숫자보다 약간 많음을 나타낸다.

(1) 수사가 "1~9"인 경우로 "수사+양사+多+명사"의 어순으로 사용한다.

　　一个多月　　六块多钱　　八年多时间

(2) 수의 끝이 "0"으로 끝나는 경우 "수사+多+양사+명사"의 어순으로 사용한다.

　　二十多个月　　三百多棵　　五千多吨

(3) 수의 끝이 "0"으로 끝나지 않는 경우 "수사+양사+多+명사"의 어순으로 사용한다.

　　二十一个多月　　三十八块多(钱)　　五十二个多小时

(4) 수사가 "10"인 경우 양사가 나타내는 사물이 나눌 수 있는 것이면 "多"는 양사 앞이나 뒤에 모두 올 수 있다. 양사가 나타내는 사물이 나눌 수 없는 사물인 경우에는 "十+多+양사+명사"의 형식으로 나타낸다.

　　十多块肉　　十块多肉

　　十多个人　　十个多人(X)

　　十个多小时　　十多个小时

<左右와　前后>

"左右"와 "前后"는 각각 "쯤, 가량", "전후, 앞과 뒤"의 의미로 어림수의 시간개념을 나타낸다. "左右"는 시점과 시간대 혹은 기간에 모두 쓸 수 있으나 명사 뒤에는 쓸 수 없다. "前后"는 시점에만 쓸 수 있고, 명사의 뒤에 쓸 수 있다.

　　两点左右　六月左右　三十号左右　一个小时左右　七个月左右　一年左右

　　两点前后　十二月前后　春节前后　考试前后

2. 서수

1) 정의

서수는 순서나 서열의 선후(先后)를 나타내는 수사이다.

2) 분류

기수의 앞에 "第"를 붙이는 것과 "第"를 붙이지 않는 것 두 가지로 나눈다.

기수의 앞에 "第"를 붙이는 경우는 다음과 같다.

第一课　　第二天　　第五次　　第八位

기수의 앞에 "第"를 붙이지 않는 경우는 다음과 같다.

연도, 월, 일: 二〇一七年，一月，二月……十二月，一号，二号……三十一号

요일: 星期一，星期二……星期天(日)

가족항렬: 大哥，二哥……; 大姐，二姐……; 老大，老二，老三……老幺

건물층수: 一层，二层，三层……; 一楼，二楼，三楼……

등급표시: 头等，二等，三等……

1. 다음 문장에서 틀린 곳을 고치시오.

(1) 小数358.0092应读成三百五十八点零零九十二。

(2) 5 1/2 应当读作五和二分之一。

(3) 体育馆里人很少，只有六五个人。

(4) 昨天我在学校书店买了十本来书。

(5) 北京站离学校只有25来公里路。

(6) 考试左右，有的学生会出现精神疲乏、四肢无力、
记忆力下降等现象。

(7) 我们公司的经理考察了一个月半。

(8) 昨天这个售货员卖80件衣服，今天仅为20件，
今天的销售量减少到3/4。

(9) 这就是我到清华大学物理系后所学到的一课。

(10) 实验室在第一楼，光线较暗。

(11) 来的时候可能就带了8多斤香蕉。

(12) 他拼命朝城外飞奔，一口气跑了30里来路。

(13) 我倒了3次火车，坐了12个来小时汽车。

제8장

양사

1. 정의

양사는 사람이나 사물 혹은 동작을 **세는 단위**를 나타내는 말이다.

2. 분류

양사는 명량사, 동량사로 나뉜다.

1) 명량사

명량사에는 개체양사, 집합양사, 도량사, 부정양사가 있다.

• 개체양사

개개의 사람이나 사물에 쓰이는 양사로서, 이 양사는 해당 명사가 나타내는 사물의 생긴 모양이나 상태의 특징을 나타내고 있다. 따라서 각각의 양사에 대하여 늘 명사를 특별히 선택하는 것으로, 일부 양사들은 명사와 의미적으로 상당히 연관이 있다. 이 때문에 중국어에서는 양사가 매우 발달하였는데, 자주 쓰이는 양사로는 아래와 같다.

本: 책이나 서적류에 많이 쓰인다.

书　词典　杂志　小说　日记

条: 가늘고 긴 형태의 동물이나 사물에 많이 쓰인다.

鱼　蛇　河　路　毛巾　领带　腰带　裤子　胡同

根: 일반적으로 가늘고 긴 생물에 많이 사용된다.

头发　草　棍子　竹子　黄瓜

朵: 꽃송이 모양의 사물에 쓰인다.

花　云

张: 평평하거나 평면이 있는 물체에 쓰인다.

地图　床　桌子　纸　照片　脸

颗: 둥근 알맹이 모양의 과립물을 세는 단위에 많이 쓰인다.

心　星　子弹　珍珠　珠子

粒: 작은 과립물에 많이 쓰인다.

种子　沙子　米　花生

块: 덩어리로 된 물건에 쓰인다.

饼　糖　石头　肥皂　玻璃　橡皮

滴: 액체에 쓰인다.

水　油　汗　酒　眼泪

篇: 일정한 형식을 갖춘 문장, 종이▶ 등에 쓰인다.

文章　论文　纸

棵: 풀이나 나무 등의 식물에 많이 쓰인다.

草　树　花　白菜　青菜

支: 곧고 딱딱하며 가늘고 긴 원통형의 사물에 쓰인다.

烟　枪　香　铅笔　钢笔　笛子　蜡烛

种: 일정한 종류를 나타내, 사람이나 모든 사물에 두루 쓰인다.

人　意见　看法　条件　情况　商品

顶: 꼭대기가 있는 물건을 세는 단위에 쓰인다.

轿子　帽子　帐篷

部: 전화기와 같은 기계나 영화에 쓰인다.

电话　电影

台: 주로 기계에 쓰이고 연극에도 쓰인다.

戏　电视　计算机　录音机

扇: 문이나 창에 쓰인다.

门　窗户　屏风

幅: 옷감이나 그림에 쓰인다.

布　油画

道: 문제나 요리를 세는 단위로 쓰인다.

菜　题

门: 수업이나 기술 등에 쓰인다.

课　技术

件: 일이나 옷을 세는 단위로 쓰인다.

事　衣服

笔: 자금이나 장사에 쓰인다.

钱　生意

片: 평평하고 얇은 물건에 쓰인다.

面包　药　红叶　牛肉

所: 집이나 학교 등에 쓰인다。

房子　住宅　学校

家: 가게나 기업에 쓰인다.

商店　饭店　公司　工厂　医院

座: 크고 고정된 물건이나 건축물에 많이 쓰인다.

山　桥　塔　楼房　塑像　水库

间: 방 또는 집을 세는 단위에 쓰인다.

屋子　房子　教室　宿舍

把: 손잡이를 가지고 있거나 손으로 잡을 수 있는 곳이 있는 물건에 쓰인다.

刀　伞　壶　锁　椅子　剪刀　钥匙　梳子　扇子

场: 공연이나 체육활동을 세는 단위로 사용된다.

京戏　电影　球赛

• 집합양사

두 개 이상의 개체로 이루어진 사물을 세는 단위로 쓰인다. 상용하는 집합양사는 아래와 같다.

副: 한 벌을 이루는 물건과 얼굴 표정에 쓰인다.

    牌　棋　手套　对联　眼镜　笑脸　面孔

双: 쌍을 이루어 사용하는 물건이나 좌우대칭의 인체기관에 쓰인다.

    鞋　手　脚　筷子　袜子　眼睛　耳朵

套: 한 벌로 이루어진 사물을 세는 데 쓰인다.

    房子　家具　茶具　西服　邮票

对: 짝이 되는 두 사람이나 동물 혹은 사물이 쌍을 이룬 말 앞에 쓰인다.

    夫妻　恋人　鸳鸯　鸽子　手镯　翅膀　花瓶

群: 무리지어 있는 사람이나 동물에 쓰인다.

    人　孩子　马　羊

批: 무더기로 있는 다수의 사람이나 많은 양의 물건에 많이 쓰인다.

    人　货　学生　旅客

伙: 악당이나 깡패가 무리를 이루는 것에 쓰인다.

    歹徒　流氓

列: 여럿이 줄지어 서 있는 사물에 쓰인다.

    队伍　火车

排: 여럿이 줄지어 늘어서 있는 물건에 쓰인다.

    牙齿　小树　平房

堆: 한 무더기를 이루는 물건이나 무리를 이루는 사람에 쓰인다.

    垃圾　人

串: 꾸러미의 형태로 연관되어 있는 사물에 쓰인다.

    项链　钥匙　葡萄　珍珠

帮: 무리를 이루고 있는 사람에 쓰인다.

    人

打: 물품을 12개씩 셀 때 사용한다.

    铅笔　毛巾

• 도량형 양사

길이, 부피, 무게, 넓이, 체적을 나타내는 계산단위를 말한다. 〈표10〉은 자주
사용되는 도량형 양사를 정리한 표이다.

〈표10〉 도량형 양사

종류	양사	표기
길이	公里	km
	米	m
	公分	cm
	毫米	mm
부피	(公)升	l
	厘升	dl
	毫升	ml
무게	吨	t
	公斤	kg
	斤	500g
	两	50g
	克	g
넓이	平方公里	km^2
	平方米	m^2
	平方厘米	cm^2
체적	立方米	m^3
	立方厘米	cm^3

기타 단위

시간: 点　刻　分　秒

화폐: 元　块　角　毛　分

날짜: 年　月　日(号)▶

 footnote

시간 단위를 나타내는 말은 양사이고
날짜를 나타내는 말은 시간명사이다.

97

● 부정(不定)양사

일정하지 않은 수량을 나타내는 양사로서, "些"와 "点儿" 두 가지가 있다.

이 두 양사는 수사 "一"와만 결합할 수 있고 다른 수사와는 결합할 수 없어 "一些", "一点儿"로 사용되고, 가볍고 아주 적음을 나타내는 "약간", "조금"의 의미로 쓰인다.

〈一些〉

명사의 앞에서 관형어로 쓰여 명사를 수식한다.

수량이 많음을 나타낼 때에는 "些"앞에 "好"를 붙이고 "一"는 생략하여 사용한다.

今天一些菜都没有。 오늘은 약간의 요리도 없다.

一天到晚没有一些事情。 하루 종일 아무 일도 없었다.

外面来了好些人。 밖에 많은 사람들이 왔다.

술어로 사용된 동사나 형용사의 뒤에 놓여서 보어로 쓰이며, 수사 "一"를 생략하기도 한다.

这些事情, 我也大略知道一些。 이 일들은 나도 대략적으로 좀 안다.

头晕倒好一些。 머리가 어지러운 것은 오히려 좀 좋아졌다.

今天比昨天热一些。 오늘은 어제보다 좀 덥다.

〈一点儿〉

양사 "一点儿"도 명사의 앞에 놓여 명사를 수식하며 관형어로 쓰인다. "一点儿"의 뒤에 부정부사가 나오기도 하고, 조사 "吧"가 문장 끝에 놓여 "제안"을 나타내는 문장에 쓰이기도 한다.

在床上歇了一会，又吃了一点东西。

침대에서 잠깐 쉬고, 또 약간의 음식을 먹었다.

里头一点酒也没有。

안에는 조금의 술도 없다.

她一点也不懂英文。

그녀는 조금도 영어를 이해하지 못한다.

小李，吃一点东西吧。

이 군, 음식을 좀 먹어.

양사 "一些"처럼 술어인 동사나 형용사의 뒤에 쓰여 보어로 쓰이며 수사 "一"를 생략하기도 한다.

文史资料我也看过点儿。　역사 문헌 자료를 나도 좀 본 적이 있다.

年纪又大了点儿。　나이를 또 좀 먹었다.

能不能再小一点儿?　조금 더 작을 수 있을까?

이 외에도 "一点儿"을 중첩한 후에 부사어로 쓰여 수량이 적음을 나타낸다.

他一点儿一点儿地饮用。　그는 조금 조금씩 마셨다.

两其脚只能一点儿一点儿地挪。　그 두 발을 다만 조금 조금씩 움직일 수 있었다.

상술한 일반 명량사 이외에도 원래 명사인 단어를 잠시 빌려와서 양사로 사용하는 말이 있다.

碗	两碗米饭	杯	一杯咖啡	身	一身西装
	두 그릇의 밥		한 잔의 커피		한 벌의 양복

2) 동량사

동작이나 행위를 세는 단위로 일반적인 동량사로 자주 쓰이는 것으로 "次, 回, 趟, 遍, 下, 顿, 阵, 场, 番 등이 있다. "回, 阵, 场"은 명량사로도 쓰인다. 개별 동량사의 용법을 살펴보면 다음과 같다.

次: 동작이 반복되는 횟수를 나타내는 양사로, 동작의 횟수를 중점적으로 가리킨다.

我见过他一次。 나는 그를 한 번 만난 적이 있다.

回: 동작이 반복하여 진행하는 것을 세는 양사로 "次"와 동일한데, "次"보다 회화체 단어로서의 성질이 더 강하다.

他家我去过三回。 그의 집에 나는 세 번 가본 적이 있다.

趟: 오고 가는 왕복의 동작을 세는데 쓰인다.

大家很希望您能回去一趟。 모두 당신이 한 번 돌아갈 수 있기를 희망합니다.

遍: 동작이 시작하여 끝나는 모든 과정을 나타내는 양사로, 동작의 전체 과정을 중점적으로 가리킨다.

他一个一个地检查了一遍。 그는 하나 하나씩 한 번 검사를 하였다.

下: 일반적으로 짧은 시간의 동작이나 가볍고 작은 동작을 셀 때 쓰인다.

你帮我看一下这道题吧。 너는 나를 도와서 이 문제를 좀 봐줘.

顿: 일반적으로 식사 또는 욕, 비난 등의 행위를 세는 양사다.

父亲动不动少吃一顿。 아버지는 툭하면 한 끼를 덜 드신다.

他又迟到了, 被女朋友批评了一顿。

그는 또 지각하여, 여자 친구에게 꾸지람을 한바탕 들었다.

阵: 비교적 짧은 시간동안 일정하게 지속되는 움직임에 사용한다.

她的脾气不太好，不知道什么时候就会发一阵火。

그녀의 성격이 그다지 좋지 않아, 언제 화를 한바탕 낼지 모른다.

场: 연극이나 운동 경기 등에 많이 사용되며, 처음부터 끝까지 한 차례 완전하게 진행되는 것을 세는 양사이다.

女子十二乐坊在中国大剧院演出了好几场呢。

여자12악방은 중국대극장에서 여러 번 공연을 하였다.

番: 힘을 많이 들이거나 과정이 길어 시간이 걸리는 동작을 세는 단위로 쓰인다.

他把事情的经过详细地说了一番。

그는 일의 경과를 자세하게 한 번 말하였다.

상술한 일반 동량사 이외에 동작이나 행위에 필요한 공구나 인체 부위를 잠시 빌려와서 양사로 쓰기도 한다.

看了一眼　　　　咬了一口　　　　踢了一脚

상술한 명량사와 동량사 이외에 양사처럼 수사와 함께 사용되는 일부 명사가 있다. 이러한 단어로는 "年, 星期, 天, 小时" 등이 있다. 예를 들면 다음과 같다.

他休息了五天。

그는 5일을 쉬었다.

他们学汉语学了四年。

그들은 4년간 중국어를 배웠다.

이 가운데 "星期, 小时, 钟头, 月"는 앞에 양사 "个"를 사용할 수 있지만, 나머지 명사들은 그 앞에 양사 "个"를 사용할 수 없다. 예를 들면 다음과 같다.

上个星期我吃意大利面条了。　지난주에 나는 스파게티를 먹었다.

我女儿每天睡12个小时。　내 딸은 매일 12시간을 잔다.

"小时"는 "~시간"으로 "钟头"와 그 뜻이 완전히 같다. 시간을 나타낼 때 "小时"는 "一小时"와 "一个小时" 모두 가능하지만 "钟头"는 "一个钟头"로 밖에 쓰일 수 없다. 단독으로 수사와 함께 쓰일 수 없어서 "个"를 절대로 생략할 수 없다. 예를 들면 다음과 같다.

我女儿睡了12(个)小时。　내 딸은 12시간을 잤다.

我女儿睡了12个钟头。　내 딸은 12시간을 잤다.

3. 양사 중첩

단음절 양사는 일반적으로 모두 중첩할 수 있다. 중첩 후에 문장 가운데 "매, 각각"의 의미로 "예외 없이 모두"를 나타낸다.

男人们个个都是优秀的狩猎能手。

남자들은 각각 모두 우수한 사냥꾼이다.

展览会上的工艺品件件都很精致。

전시회의 공예품은 모두 매우 정교하고 치밀하다.

除了头一回之外,　回回都跟你哥哥要钱。

첫 회를 제외하고 매번 모두 너의 오빠에게 돈을 요구한다.

"수사+양사"로 이루어진 수량사구도 중첩할 수 있는데, 문장 가운데 관형어로 사용되어 뒤에 나오는 명사를 수식한다. 이때 양사 앞에 사용되는 수사는 "一"만 사용한다.▶

额头上面是一条一条的皱纹。

이마 위에는 한 줄 한 줄의 주름이 있다.

他的发言被一阵一阵的掌声打断。

그의 발언은 한바탕 한바탕의 박수 소리에 의하여 중단되었다.

수량사구가 중첩되어 부사어로 사용되기도 하는데, 이때에는 동작의 방식을 나타낸다.

火烛一支一支地被点燃了。

등불이 하나하나씩 점화되었다.

如果一个一个地写出来，就太麻烦了。

만약 하나하나씩 쓰면, 너무 번거롭다.

学生们跟着教师一遍一遍地唱，以此复习功课。

학생들은 선생님을 따라 한 번 한 번씩 노래 부르며, 이로써 숙제를 복습하였다.

1. 다음 문장에서 틀린 곳을 고치시오.

   (1) 湖面上漂着一辆船。

   (2) 屋屋里只能放下一把床、一张椅子。

   (3) 搞了多年乡镇企业的父亲给他留了一大块存款。

   (4) 广场上似有两根云彩在飞速地跑着。

   (5) 人有两只耳朵却只有一片嘴。

   (6) 这是我项链上的一条珍珠。

   (7) 她坐在一朵石头上，凝望着大海。

   (8) 我们通过这台电话也解决了一些问题。

(9) 眼前突然就冒出一所大山来。

(10) 男朋友送给她两对高跟鞋和一双耳环。

(11) 我们对这个问题一些作探讨。

(12) 我知道这套手套是谁的。

(13) 十几年过去了，一伙又一伙学生长大了。

(14) 我现在把这题目再讲一阵!

(15) 这类难念的字，我也须仔细研究一回。

(16) 各个人都想去北京一回。

제9장

부사

1. 정의

부사는 동사와 형용사를 **수식**하거나 **제한**하는 역할을 하는 말이다. 동작이나 행위 혹은 성질과 상태와 관련된 범위, 시간, 정도, 빈도, 긍정 혹은 부정을 설명하는 데 쓰인다.

footnote

같은 현상이나 일이 반복되는 도수를 말한다.

2. 종류

부사는 의미에 따라서 크게 7가지로 나누는데, 〈표11〉과 같이 분류한다.

〈표11〉 부사의 분류

분류	예
시간부사	向来 从来 已 已经 曾经 刚 刚刚 正 正在 在 才 就 将 将要 立刻 马上 顿时 起初 原先 一时 一直 好久 永远 一向 随时 时时 偶尔 老是 总是 忽然
범위부사	都 全 就 只 净 光 单 仅 仅仅 统统 一共 总共 一起 一同 一齐 一概 唯独 一味 一道 一块儿
정도부사	很 非常 太 最 十分 格外 比较 极 挺 怪 极其 相当 更 更加 稍微 多么 越加 越发
빈도부사	又 再 还 也 常常 时常 经常 往往 再三 屡次 不断 反复

부정부사	不 没(有)▶
어기부사	却 可 倒 才 偏 偏偏 简直 幸亏 果真 难道 到底 究竟 明明 居然 竟 竟然 反正 索性 大约 也许 幸亏 好在 几乎 差点儿 果然 明明 敢情 千万 万万 何尝 终于 毕竟
상태부사	仍然 依然 猛然 悄然 渐渐 逐步 逐渐 亲自 大肆 特地 百般 互相

footnote

부정부사의 예는 이 외에도 긍정과 부정을 표시하는 부사로 "未, 必定, 必然, 一定, 准, 未必, 别, 勿, 无须, 不必, 必须"가 있다.

3. 문법 기능

부사는 술어 앞에서 주로 부사어로 쓰여 동사나 형용사를 수식하고 일반적으로 명사와 대명사를 수식할 수 없다. 부사 자신은 다른 품사의 수식을 받지 않으며 술어를 수식하여 술어의 의미가 분명하게 드러나도록 한다.

已经出现　曾经去过　就指出　再学

相当不错　比较便宜　最大　更贵

*不学校 *也学生 *又教室 *很手机

"突然, 原来, 的确, 其实, 就……"와 같은 부사는 술어가 아닌 주어의 앞에서 사용되어, 문장 전체를 수식한다. 실례를 들면 다음과 같다.

就老师是中国人。　선생님만은 중국인이다.

的确他们无法理解。　확실히 그들은 이해할 방법이 없다.

原来你们比我还早。　원래 너희들은 나보다 더 이르다.

其实他们是左右为难的。　사실 그들은 이러지도 저러지도 못한다.

부사 "不, 没, 又, 才, 大约, 都, 已经……"은 수량을 포함한 수량사의 앞에서 수량사를 수식한다. 수량구가 술어와 주어로 모두 쓰인다.

你回来都八十了。

네가 돌아왔을 때 이미 80세였다.

一共五百人出席了会议。

모두 500명이 회의에 출석하였다.

小王今后的月供大约4832元。

왕 군은 이후 매달 할부금이 대략 4832원이다.

부사는 동사, 형용사, 명사, 양사처럼 중첩할 수 없다. 일부 부사 "渐渐, 常常, 刚刚, 仅仅, 恰恰" 등은 단음절이 중첩이 된 것이 아니고 본래 동일한 글자로 이루어진 한 단어이다.

부사는 질문에 대답하는 말에 단독으로 사용할 수 없다. 예외적으로 소수의 부사 "不", "没", "马上", "也许", "当然", "刚刚", "有点儿" 등은 단독으로 질문의 대답으로 사용할 수 있다.

A: 三个吧? 세 개지?

B: 不, 不, 好象是五个。   아니, 아니, 5개인 것 같아.

A: 你肚子不舒服吗? 너 배가 불편하니?

B: 有点儿。   약간.

정도를 나타내는 부사 "极"와 "很"은 형용사 혹은 심리상태의 동사 뒤에 놓여 정도보어로 쓰일 수 있다. 이러한 부사가 붙어 만들어진 보어의 앞에는 정도부사를 또 사용할 수 없다.▶

咬一口，味道好极了。　한 입 물으면, 맛이 굉장히 좋다.

他肚子咕噜咕噜饿得很。　그의 배는 꾸르륵거리며 매우 배가 고팠다.

4. 상용 부사의 용법

1) 正 在 正在

"~하고 있는 중이다"의 의미인 동작이 진행하고 있는 것을 나타낼 경우에는 시간부사 "正", "在", "正在"를 사용한다.

"正"은 "마침"이라는 의미로 사용되어 주로 동작 진행의 시간을 강조한다.

"在"는 동사의 앞에 쓰여서 동작이 진행하는 상태를 강조한다.

"正在"는 동작 진행의 시간과 그 상태를 모두 강조한다. "正", "在", "正在"는 어기조사 "呢"와 함께 자주 쓰여서 진행의 어기를 나타낸다.

他正看着我打球呢。　그는 마침 내가 공을 치는 것을 보고 있다.

他已经在写作新书了。　그는 이미 새로운 책을 쓰고 있는 중이다.

目前研究正在继续研究呢。　현재 연구가 마침 계속 연구되고 있는 중이다.

일반적으로 "正"의 뒤에 동사가 하나만 와서 "正+동사"의 형식으로는 쓰일 수 없어, 일반적으로 동사 뒤에 지속을 나타내는 조사 "着"가 오거나 어기조사 "呢"가 온다. 혹은 "着呢"처럼 두 조사가 함께 오기도 한다. 혹은 동사 뒤에 방향동사 등이 함께 쓰이기도 한다.

> 我现在正看呢。 나는 현재 마침 보고 있다.
>
> 你说，我听着呢。 너는 말해봐, 내가 듣고 있을게.
>
> 春天正微笑着向我走来。 봄이 마침 미소를 지으며 나에게 걸어온다.

2) 才
술어의 앞에 와서 사건이 막 발생하였음을 나타낸다.

> 他才走。 그는 간지 얼마 되지 않았다.
>
> 他才回来，又出去了 그는 돌아오자마자 또 나갔다.

"수량사/시간사(时间词语) + 才"의 형식으로 수량사나 시간을 나타내는 말 뒤에서 "才"는 시간이 늦거나 수량이 많음을 표시한다.

> 他今天才来。 그는 오늘에서야 왔다.
>
> 去了好几次才找到。 여러 번 가서야 찾았다.

"才 + 수량사/시간사"의 형식으로 수량사나 시간을 나타내는 말 앞에서 수량이 적거나 시간이 이른 것을 나타낸다.

> 孩子才十个月，他还真舍得。 아이가 겨우 10개월이라, 그는 아직 정말 미련이 없다.
>
> 结婚才一天，又传来好消息。 결혼하고 하루 만에 또 좋은 소식이 들려왔다.

"才"는 "呢"와 함께 와서 강조의 말투를 나타낸다.

> 时间长了不发胖才怪呢。
>
> 시간이 오래 되었는데 살이 찌지 않는 것이야말로 이상하다.
>
> 那么远的路，我才不去呢。
>
> 그렇게 먼 길을 나는 정말 가지 않겠어.

3) 就

술어의 앞에 와서 사건이 곧 발생함을 나타낸다.

> 他就走。 그는 곧 가려 한다.
>
> 手术后的第八天就回来了。 수술 후 8일째 되는 날 돌아왔다.

"수량사/시간사 + 就"의 형식으로 "就"는 수량사나 시간을 나타내는 말 뒤에 와서 시간이 이르거나 수량이 적음을 나타낸다. 끝에 항상 "了"를 동반한다.

> 两点就来了。 2시인데 왔다.
>
> 他十岁就开始学中文了。 그는 10살에 중국어를 배우기 시작했다.

"就 + 수량사/시간사"의 형식으로 "就"는 수량사나 시간을 나타내는 말 앞에 와서 수량이 많거나 시간이 늦은 것을 나타낸다.

> 光大蛋糕就二十多个呢。 큰 케이크만 20여 개이다.
>
> 等回到家，就九点多了。 집에 돌아오면 9시쯤이다.

"就"는 범위를 확정하는 것으로 술어의 앞에 쓰여 "다만, 단지"의 뜻을 나타낸다.

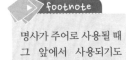
명사가 주어로 사용될 때 그 앞에서 사용되기도 한다.

我就要这个。

나는 이것만을 원한다.

我就学过中文，没学过别的外文。

나는 중국어를 배운 적은 있지만 다른 외국어를 배운 적은 없다.

"就"는 두 동사의 사이에 놓여, 한 동작이 완성된 후 그 다음 동작이 이어서 발생함을 나타낸다.

他来了以后，我就走了。

그가 온 이후에 내가 갔다.

我们参观了工厂，就回学校了。

우리는 공장을 견학하고 학교로 돌아갔다.

"就+주어, 还……呢"의 형식으로 사용되어 "부정하거나 혹은 무시하는 말투"를 나타낸다.

就这质量，还名牌呢?

이 품질로 유명 상표라고?

就这水平，还想当翻译呢?

이 수준으로 번역가가 되고 싶어?

4) 都

"都"는 일반적으로 "모두, 전부"의 의미로 쓰여서 전체를 함께 포함하는 것을 나타낸다. 포함하는 대상은 "都"의 앞에 놓이며 단수를 나타내는 대상이 올 수 없다.

> 大家都同意这个提议。
>
> 사람들은 모두 이 제의에 동의한다.
>
> 同学们都以为我们在谈恋爱。
>
> 학우들은 모두 우리가 연애를 하고 있다고 여긴다.

"都"가 "了"와 호응하여 쓰여 "都"는 "이미"의 의미로 사용된다. "都"는 수량을 나타내는 말의 앞에 사용되기도 한다.

> 饭菜和酱汤都凉了，实在对不起!
>
> 반찬과 된장국이 이미 식었네요, 정말 미안해요!
>
> 都六点了，该吃晚饭了。
>
> 이미 6시니, 저녁 먹을 때가 되었네.

"都 + 수량사/시간사"의 형식으로 "都"가 수량사나 시간을 나타내는 말 앞에 놓여서 수량이 많거나 시간이 늦은 것을 나타낸다.▶

> 如今，都四十多年了。
>
> 지금 40여 년이 되었어요.
>
> 都两点了，才来。
>
> 벌써 두 시인데, 이제야 왔네.

▶ **footnote**

"才, 就, 都"는 각 부사 앞이나 뒤에 나이를 나타내는 말이 와서 나이가 어리거나 많은 의미를 나타내기도 한다.

她才十二岁。
그녀는 겨우 열 두 살이다.
他七岁就离开了家乡。
그는 일곱 살에 고향을 떠났다.
都四十多岁了，该结婚。
이미 마흔 살로 결혼해야 한다.

"都"는 "连……都……"의 형식으로 사용되어 "심지어~마저도", "심지어~조차도"의 의미로 쓰인다.

> 周围连一个人都没有。
>
> 주위에 심지어 한 사람도 없다.
>
> 早晨两点，现在连饭都没吃呢!
>
> 아침 2시인데, 지금 심지어 밥조차도 안 먹었어!

5) 还

"还"는 일반적으로 "아직", "여전히"의 의미로 동작이나 상황이 계속 존재함을 나타낸다.

> 还早呢，我们等一会儿再走。
>
> 아직 이르네, 우리 좀 더 기다리다 가자.
>
> 多年不见，你还那么年轻。
>
> 여러 해 만나지 못했는데, 당신은 여전히 그렇게 젊으시네요.

화자가 말을 할 때에 이미 어떠한 계획이나 바람을 가지고 있을 때 "还"를 쓴다.

> 明天我还要来这儿办事。
>
> 내일 나는 또 여기에 와서 일을 하려고 한다.
>
> 去年史密斯来过中国，明年他还要来。
>
> 작년에 스미스가 중국에 온 적이 있는데, 내년에 그는 또 오려고 한다.

"还"는 또 항목이나 수량이 증가하거나 범위가 확대되는 것을 나타낸다.

 footnote

"除了……以外, 还……"는 어떤 것 이외에도 또 다른 것이 있음을 나타낼 때 사용하고, 앞에서 이야기한 것을 포함하지 않을 때에는 "除了……以外, 都……"를 사용한다. 예를 들면 다음과 같다.

除了小张以外, 他们都不会说法语。
장군을 제외하고 그들은 모두 프랑스어를 말할 줄 모른다.

除了声和韵之外, <u>还</u>有调。

소리와 운 이외에 또 말투가 있다.

阅览室有中文杂志、中文报,
还有七本汉语词典。

열람실에는 중국어 잡지, 신문이 있고, 또 7권의 중국어 사전이 있다.

比 비교문에 함께 쓰여 비교의 결과가 한 걸음 더 나아가는 것을 나타낸나.

他的热情比年轻人<u>还</u>高。

그의 열정은 젊은이보다 더 높다.

我比你大好几岁, 但你显得比我<u>还</u>年轻。

나는 너보다 몇 살이나 많은데, 너는 나보다 더 젊게 보인다.

"还"는 조동사의 앞에 쓰여 아직 발생하지 않았거나 장차 발생할 동작이나 상태에 사용된다.

我们<u>还</u>会看到同时存在的另外一种图景。

우리는 동시에 존재하는 또 다른 경관을 볼 것이다.

你<u>还</u>想回到美国去念书吗?

너는 또 미국에 공부하러 돌아가고 싶니?

"겨우, 그런대로"의 의미를 나타낸다.

他近来身体还可以。　그는 최근에 건강이 그런대로 좋다.

这张照片拍得还不错。　이 사진은 그런대로 잘 찍었다.

6) 再

"再"는 "다시"의 의미로 똑같은 동작과 행위를 중복하는 것을 나타낸다.

这个问题我们以后再来讲。　이 문제는 우리 다음에 다시 이야기하자.

我没听清，请再念一遍。　제가 못 알아들었어요, 다시 한 번 읽어주세요.

"再"는 주로 화자가 말을 할 때 임시로 어떤 바람이 생기는 것을 나타낼 때 쓰인다.

有机会我再来。　기회가 있으면 나는 다시 올 것이다.

时间还早，再坐会儿。　시간이 아직 이르니 좀 더 앉아 있어.

문장 가운데 "再"가 사용되어 한 동작이 끝난 후의 다음 동작을 나타낸다. 즉, 동작이나 상황이 발생한 순서를 나타낸다.

别着急，你在家考虑考虑再决定吧。

서두르지 마, 너는 집에서 좀 더 생각해보고 결정해.

大家先看看，然后我们再讨论。

모두 먼저 좀 보고 우리 토론해요.

"再"가 다른 단어와 함께 사용되어 고정적인 형식으로 "가장~하다"의 최상급 의미를 나타낸다. 예를 들면 다음과 같다.

没有谁比他再聪明的了。　그가 가장 똑똑하다.

他聪明得不能再聪明了。　그가 가장 똑똑하다.

他再聪明不过了。　그가 가장 똑똑하다.

고정적인 형식으로 "再(也)不+동사"는 "영원히~하지 않는다"의 의미를 가지는데, 문장 끝에 자주 "了"가 온다. 또한 "再"를 "不"의 뒤에 놓으면 "不再+동사"의 형식이 되는데, 이 형식은 어떤 동작이 다시는 일어나지 않음을 나타낸다.

从今以后跟他断了，再也不找他了。

오늘 이후로 그와 단절하고 다시는 그를 찾지 않는다.

人们根本就不再相信我的话了。

사람들은 근본적으로 나의 말을 다시는 믿지 않는다.

"再"는 형용사 앞에 쓰여 "더욱"의 의미를 나타내고, 상품이나 요리를 주문할 때 "더"라는 뜻으로 추가의 의미로 사용되기도 한다.

还能再快点吗?　좀 더 빨리 갈 수 있어요?

再便宜一点儿吧。　좀 더 싸게 해주세요.

再来一瓶矿泉水。　생수 한 병 더 주세요.

"再"는 명령문이나 가정문에 쓸 수 있다.

这件事不着急，过两天再说吧。

이 일은 급하지 않으니 며칠 지나서 다시 말하자.

你要是再这么不讲理，我就不客气了。

네가 만약 다시 이렇게 억지를 부리면 나는 가만두지 않겠어.

"再"는 "还"와 다르게 조동사의 뒤에 쓰인다.

你能再帮帮他吗?

너는 그를 다시 좀 도와줄 수 있어?

效用会下降，然后会再上升。

효용성은 떨어질 것이고 그런 후에 다시 상승할 것이다.

7) 又

"又"는 동작이 중복해서 발생하거나 계속 진행되는 것을 나타내며 "了"와 함께 자주 사용된다. 주어는 하나이며 자신의 이전 동작과 서로 같고, 과거나 미래의 상황에 많이 쓰인다.

第三天，她竟然又来了。

셋째 날 그녀는 뜻밖에도 또 왔다.

上午他去了图书馆，下午又去了。

오전에 그는 도서관에 갔다가 오후에 또 갔다.

明天也许又下雨。

내일은 아마 또 비가 올 것이다.

"又"는 "再"와 다르게 부드러운 명령문과 가정문에 쓰일 수 없다.

---

*有病就过两天又走吧。

*要是又不动手，就来不及了。

"又"는 "再"와 다르게 조동사의 앞에만 올 수 있다.

她又会笑了。 그녀는 또 웃을 것이다.

你又能实现到什么程度。 너는 또 어느 정도까지 실현할 수 있다.

"又"는 "一+양사+又+一+양사"의 형식으로 사용되어 수량이나 횟수가 많음을 나타낸다.

这个过程一次又一次地重复进行。 이 과정은 여러 번 중복해서 진행한다.

我在睡梦中一遍又一遍地嘱咐自己。 나는 꿈속에서 여러 번 자신에게 부탁하였다.

8) 也

두 사람이 똑같은 동작이나 행위를 하거나 똑같은 사람이 두 가지 동작이나 행위를 하는 것을 나타낸다. "也"는 "又"와 다르게 주로 타인의 동작과 같음을 나타낸다.

小王病了，小李也病了。

왕 군이 아픈데 이 군도 아프다.

小王不是前些日子病了一次吗，怎么又病了?

왕 군은 며칠 전에 한 번 아프지 않았어, 왜 또 병이 났어?

"也"는 일반적으로 두 개의 주어를 가지지만 술어가 서로 같으면서 목적어가 다르거나 술어가 다르고 목적어도 다르면 하나의 주어를 가진다.

他学汉语，也学韩语。 그는 중국어를 배우고 한국어도 배운다.
我逛了街，也看了朋友。 나는 길거리 구경을 하였고, 친구도 보았다.

"也"는 "说什么也(怎么也)……"의 고정 형식에 사용되어 "어떠하든지~"의 의미로 사용된다.

许多群众说什么也不相信。 매우 많은 대중은 어떤 것도 믿지 않는다고 말한다.
夜里怎么也睡不着了。 저녁에 어떻게 해도 잠을 이룰 수가 없다.

"也"는 "连"과 함께 사용되어 "连……也……"의 형식을 이루어 "~마저도(조차도)"의 의미로 자주 사용된다.

有些院子连一个人也没有。 일부 정원에는 한 사람도 없다.
有时，自己连饭也顾不上吃。 때때로, 자신은 밥조차도 먹을 생각할 겨를이 없다.

9) 不

주로 주관적인 바람이나 성질, 상태를 부정하는데 쓰인다. 현재나 미래의 동작이나 행위를 부정하며 과거에도 쓰일 수 있다.

我不吃早饭了。 나는 아침을 먹지 않는다.
今天合格，但昨天不合格。 오늘은 합격하였으나 어제는 불합격이었다.
如果不写完作业就别出去。 만약 숙제를 다 하지 못하면 나가지 마라.

구체적인 동작을 나타내지 않는 동사를 부정할 때는 "不"를 사용해야 한다. 동작성이 없는 동사 "是, 当, 像, 认识, 知道, 喜欢" 등을 부정할 때는 "不"를 사용해야 한다.

> 我长得不像爸爸, 像妈妈。 나는 생김새가 아빠를 닮지 않았고 엄마를 닮았다.
> 我不认识这个家伙。 나는 이 녀석을 모른다.
> 你不当老师, 当什么? 너는 선생님이 되지 않으면 무엇이 되려고?

형용사의 앞에 쓰여 성질을 부정할 때는 "不"를 사용해야 한다.

> 他身体不好。 그는 건강이 나쁘다.
> 这种材料不结实, 换别的吧。 이 재료는 튼튼하지 않으니 다른 것으로 바꾸자.

부정부사 "不"는 조동사의 앞에 온다.

> 他们都不会说话。 그들은 모두 말을 할 줄 모른다.
> 我不能去北京当总裁。 나는 베이징에 가서 총재가 될 수 없다.

10) 没

"没"는 "不"가 주관성을 띠는 것과 다르게 주로 객관적인 서술에 쓰이며, 일이나 동작이 이미 발생하거나 완성된 것을 부정하므로 과거나 현재에만 쓰일 수 있다.

> 我没吃早饭呢。 나는 아침밥을 먹지 않았다.
> 没写完作业就出去了。 숙제를 다 하지 않고 나갔다.
> 上次、这次他都没参加, 听说下次还不想参加。 지난번, 이번에 그는 모두 참가하지 않았는데, 다음번에 또 참가하고 싶지 않다고 하더라.

"有"의 부정은 "没"를 써야만 한다.

> 我没有钱。
>
> 나는 돈이 없다.
>
> 我没有时间，不能陪你上街了。
>
> 나는 시간이 없어 너를 데리고 거리에 나갈 수가 없다.

형용사의 상태가 어떤 변화가 나타났음을 부정할 때에는 형용사 앞에 "没(有)"를 써서 나타낸다. "还"와 함께 자주 사용되어 "还没……(呢)"구조를 이룬다. 어기조사 "呢"가 함께 쓰이기도 한다.

> 天还没亮，我就起床了。
>
> 날이 아직 밝지 않았는데, 나는 일어났다.
>
> 你感冒还没好，千万别在这儿累着。
>
> 너는 감기가 아직 낫지 않았는데, 제발 여기에서 피곤하게 있지 마.

조동사 "能", "想"은 부정부사 "没"가 그 앞에 올 수 있다.

> 他并没想去当老师。
>
> 그는 결코 선생님이 되러 가고 싶지 않았다.
>
> 去年没能去，今年也不能去了。
>
> 작년에는 갈 수 없었는데, 올해도 갈 수 없다.

일반적으로 시간부사, 어기부사, 상태부사와 일부 부사는 부정부사와 함께 쓰일 때 부정부사의 앞에 위치한다. 예를 들면 다음과 같다.

我才不认识他呢。

나는 전혀 그를 모른다.

我根本不会记得他们的名字。

나는 근본적으로 그들의 이름을 기억하지 못할 것이다.

我仍然不喜欢这种思想。

나는 여전히 이런 생각을 좋아하지 않는다.

我出事后，一直没见过他。

나는 사고가 난 후에 계속 그를 만난 적이 없다.

이러한 부사로는 "又, 才, 决, 稍微, 更加, 未必, 从来, 一直, 永远, 忽然, 本来, 差点儿, 简直, 反正, 根本, 几乎, 仍然, 渐渐" 등이 있다.

일부 부사는 부정사가 그 앞에만 올 수 있다. 자주 쓰이는 것으로 "一起, 一块儿, 马上, 仅, 单, 光, 净, 曾(经)"이 있다.

我们不曾见过面。

우리는 일찍이 만난 적이 없다.

下课后不马上回家。

수업이 끝난 후에 즉시 집에 돌아가지 않는다.

我们不一起去中国学汉语。

우리는 함께 중국에 중국어를 배우러 가지 않는다.

부사 "都, 很, 一定, 全, 太"는 앞, 뒤에 모두 부정사가 올 수 있지만 각각의 문장은 그 뜻이 서로 다르다.

> 许多学者都不喜欢汉字。
>
> 매우 많은 학자들은 모두 한자를 좋아하지 않는다.
>
> 许多学者不都喜欢汉字。
>
> 매우 많은 학자들이 모두 한자를 좋아하는 것은 아니다.
>
> 书面语的学习和使用很不方便。
>
> 글말의 학습과 사용은 매우 편리하지 않다.
>
> 书面语的学习和使用不很方便。
>
> 글말의 학습과 사용은 매우 편리한 것은 아니다.

"根本, 从来, 轻易, 万万" 등의 부사들은 부정사와 함께 많이 쓰인다.

> 我根本不认识她们。
>
> 나는 근본적으로 그녀들을 모른다.
>
> 他从来没见过大海。
>
> 그는 여태껏 큰 바다를 본적이 없다.
>
> 我轻易不穿西服。
>
> 나는 쉽게 양복을 입지 않는다.
>
> 做其他事儿都可以，养猪，万万不行。
>
> 다른 일을 하는 것은 모두 가능하지만, 돼지를 키우는 것은 절대로 안 된다.

11) 太

"太"는 주관적인 견해를 나타내는 것에 많이 사용하는데 정도가 지나침을 나타낸다. 감탄문에서 쓰일 때는 문장의 끝에 "了"가 함께 와서 정도가 매우 높음을 나타낸다.

这种颜色太深了。　이런 색은 너무 진하다.
天气实在太冷了。　날씨가 정말 춥다.
这件事太让人高兴了!　이 일은 사람을 너무 기쁘게 한다.

12) 很

"很"은 객관적으로 정도가 높음을 나타내 형용사가 술어로 사용될 때 그 앞에 자주 사용된다. 하지만 "太"처럼 문장의 끝에 "了"가 올 수 없다.

我感到问题很严重。　나는 문제가 매우 심각하다고 느꼈다.
他很会说笑话。　그는 농담을 매우 잘 한다.
*他最近工作很忙了。

13) 更

"更"은 현재의 정도나 상황이 원래보다 더 심해지는 것을 나타내는 것으로 비교에 사용한다. 문장의 끝에 일반적으로 "了"가 함께 와서 사용된다.

他比你来得更早。　그는 너보다 더 일찍 왔다.
现在的产品更多更好了。　현재의 제품은 더욱 많고 더욱 좋다.
他学习更努力，更刻苦了。　그는 공부하는데 더욱 노력하고 몹시 애를 썼다.
我很喜欢学汉语，交了中国女朋友以后，我更喜欢了。
나는 중국어 공부하는 것을 매우 좋아하는데, 중국인 여자 친구를 사귄 이후에 더욱 좋아하게 되었다.

14) 真

"真"은 "정말로"의 의미로 정도가 높음을 나타내고, 일정한 주관적인 감정을 가지고 있다. "真"은 형용사와 함께 문장에서 술어와 보어로 쓰일 수 있다.

你画的小孩真美啊! 네가 그린 꼬마는 정말 예쁘다!
房子造得真漂亮! 집을 정말 예쁘게 지었다!

15) 可

"可"는 어기부사로서 긍정의 어기를 강조하는 데 사용한다.

今天的风可真大啊! 오늘 바람이 정말 세게 분다!
女孩子的心思可不简单。 여자 아이의 기분은 정말 간단하지 않다.
我觉得这两年我可老了。 나는 요 몇 년 내가 정말 늙었다고 생각한다.

127

1. 다음 문장에서 틀린 곳을 고치시오.

(1) 马上他就要开演了。

(2) 再老师给我讲一遍，我就全懂了。

(3) 生活中，经常我们会遇到不顺心的事情。

(4) 全书有共六章，我觉得最有意思的是第二章。

(5) 每天我到体育馆练上几十分钟。

(6) 常常都他们难以了解这些规则。

(7) 农民有了刚刚属于自己的农田。

(8) 布置完了，才他回去休息。

(9) 我从来不写过小说。

(10) 婚姻双方要根本了解对方。

(11) 他想起他的家乡，有一种太好吃的醋。

(12) 我们几个都60多岁了，不买到软卧票。

(13) 冯先生直到晚年才感到真正的自由，哲学家最终发现了自我。

(14) 她刚满十岁才失去了父亲。

(15) 怎么到现在就回来？都几点了你看看。

(16) 这个过程一次再一次地重复进行。

(17) 他平时很忙了，有许多任务要完成。

제10장

개사

::: 개사와 상용 개사 :::

1. 정의

명사나 대명사 또는 명사구 앞에 쓰여 개사구를 이루어 **방향**이나 **대상** 등을 나타내는 말로서, 부사어나 관형어로 쓰여 동사나 형용사를 수식하거나 명사를 수식하는 데 쓰이는 말이다.

2. 분류

개사는 개사구로 사용될 때 나타나게 되는 의미에 따라 다음 〈표12〉와 같이 나누어진다.▸

footnote

"朝着", "随着", "沿着", "为了", "除了" 등의 "着", "了"는 본래부터 이들 개사를 이루는 구성성분으로 시태조사가 아니다.

〈표12〉 개사의 분류

	어휘
시간표시	从, 自, 打, 由, 自从, 在, 于, 当, 离, 距
장소표시	在, 于, 从, 自, 打, 由, 离, 距
방향표시	向, 往, 朝, 沿(着), 朝着
대상표시	跟, 和, 与, 同, 给, 把, 将, 被, 叫, 让, 对, 对于, 关于, 至于, 替, 朝, 向, 比, 就, 连, 除了
근거표시	按, 按照, 依, 依照, 照, 据, 根据, 以, 凭, 由, 拿, 随着
목적표시	为了, 为
원인표시	由, 为

3. 구조 특징

개사는 단독으로 쓰일 수 없고 명사나 대명사와 함께 쓰여 개사구를 이루어 문장에서 부사어, 관형어, 보어로 쓰인다.

개사구는 주로 술어의 앞에서 부사어로 쓰이며 술어를 수식한다.

> 我跟你不能决定。
>
> 나는 너와 결정할 수 없다.
>
> 一位母亲向我跑过来。
>
> 한 분의 어머니가 나를 향하여 뛰어왔다.
>
> 我现在对你有些担心。
>
> 나는 현재 너에 대해 좀 걱정한다.

개사구가 중심어인 명사의 앞에 와서 관형어로 쓰인다. 개사구의 뒤에는 구조 조사 "的"가 오고 중심어를 수식한다.

132

最好选择<u>朝南</u>的房间。

가장 좋은 것은 남향의 방을 선택하는 것이다.

主要列举了关于<u>中国史上</u>的历史文献。

주로 중국 역사에 관한 역사 문헌을 열거하였다.

你去打听几时有开<u>往日本</u>的船。

너는 가서 몇 시에 일본으로 가는 배가 있는지 물어봐.

개사구가 술어의 뒤에서 보어로 쓰인다. 이렇게 보어로 쓰이는 개사구를 구성하는 개사에는 "自, 给, 在, 向, 往, 于, 到" 등이 있다.

石老师毕业<u>于北京大学历史系</u>。

석 선생님은 북경대학 역사과를 졸업하였다.

这种评价, 特别是<u>来自社会</u>的评价。

이런 평가는 특히 사회로부터 온 평가이다.

当晚, 记者登上了开<u>往沈阳</u>的列车。

그 날 저녁, 기자는 심양으로 가는 열차를 탔다.

개사는 동사의 특성을 가지고 있지 않기 때문에, 개사의 뒤에 "了", "着", "过"의 시태조사를 붙여서 사용할 수 없다.▸

▶ footnote

개사의 대부분은 동사가 바뀐 것으로 동사와 개사로 모두 사용될 수 있는데, 대표적으로 "在, 给, 比, 离, 朝" 등이 있다.

*农村人口向了城市大量转移。

*"教"字早在着甲骨文中就出现了。

*早晨8点15分从过北京起飞。

133

1) 对 跟

개사 "对", "跟"은 모두 동작의 대상을 나타낸다. "对"는 동작이나 행위의 대상을 주로 나타내지만 "跟"은 동작과 관련 있는 사람이나 사물을 나타내는데 쓰여 의미적으로 화자와 동작의 대상 양쪽 방향으로 서로 연관되어 있다. 술어로 "商量, 讨论, 研究……"등이 자주 사용된다. ▶

经理对我很信任。　사장님은 나에 대하여 매우 신임한다.

那天一个同事跟我聊天。　그날 한 동료가 나와 이야기를 나누었다.

2) 为 给

"为"와 "给"도 모두 동작, 행위의 대상을 나타낸다. 동작이나 행위의 수혜자를 제시할 때 서로 바꾸어 쓸 수 있다. "为"는 또 원인이나 목적을 나타내기도 한다. "给"는 수혜자이외에도 피해를 보는 사람을 제시하고 동작을 받는 대상을 나타낸다. 그리고 "给"가 동사 뒤에 와서 결과보어로 쓰여서 동작이나 행위의 대상을 표시한다.

我们一定继续努力为大家服务。　우리 반드시 계속 노력하여 모두를 위하여 봉사한다.

我明天再来，别给我找麻烦。　나는 내일 다시 올 것이니 나를 귀찮게 하지 마라.

他们几乎每个小时给我打电话。　그들은 거의 매 시간 나에게 전화를 한다.

我们一直在为你担心呢。　우리는 줄 곧 당신 때문에 걱정을 한다.

我把香油送给你。　나는 참기름을 너에게 준다.

3) 向 朝

"向"과 "朝"는 일반적으로 동작행위의 대상을 향한 방향을 표시하는 개사이다. "向"과 "朝"는 구체적인 동사의 앞에 쓰이는데, "朝"는 특히 일반적으로 신체 동작과 관련이 있는 동사에만 쓰이고, 동사의 뒤에 "着"가 올 수 있다. "向"으로 이루어지는 개사구는 추상동사 "请教, 解释, 证明, 说明, 表示, 解释, 介绍, 负责……" 등의 앞에 쓰일 수 있지만, "朝"는 쓰일 수 없다. 게다가 "向"은 동사의 뒤에서 보어로 쓰일 수 있지만, "朝"는 쓰일 수 없다.

他还向我招手呢。　그는 아직도 나를 향해서 손을 흔들고 있다.

我就会朝着不同的方向活动。　나는 다른 방향을 향해 활동할 것이다.

我想亲自向他介绍一种投资计划。

나는 몸소 그에게 일종의 투자 계획을 소개하고 싶었다.

这是一个走向市场化的契机。　이것은 시장화로 가는 하나의 계기이다.

4) 朝 向 往

"'朝"와 "向"은 동작의 대상을 향한 방향을 나타낼 수 있다. 그러므로 사람을 나타내거나 장소를 나타내는 명사와 모두 결합할 수 있다. 그러나 "往"은 대상이 아닌 단순한 방향만을 나타낼 수 있으므로 장소를 나타내는 명사와만 결합할 수 있다. 개사구의 뒤에는 동작의 상태를 나타내는 동사가 올 수 없어 술어 뒤에 "着"를 붙일 수 없다. 그리고 "往"은 "向"과 마찬가지로 문장에서 동사의 앞과 뒤 위치에 모두 올 수 있다.

一直看着我，朝我笑，朝我招手。　줄곧 나를 보면서 나를 향해 웃고, 손을 흔든다.

*他往我招招手 → 他往我这儿招招手。　그는 나한테 손을 좀 흔든다.

车是开往山上一个公园的。　차는 산 위에 한 공원으로 운행한다.

5) 沿 顺

"沿"과 "顺"은 지나가는 노선이나 장소를 나타낸다. "沿"은 구체적이고 추상적인 의미의 동사와 함께 쓰일 수 있고, 장소를 나타내는 단음절 명사와 사용된다. "顺"은 구체적 의미의 동사와만 사용되고, 쌍음절 명사와 자주 사용된다.

今后，我们还要沿着这条路走下去。

이후 우리는 또 이 길을 따라서 걸어 내려가야만 한다.

他沿着7号公路慢慢开着车，一边寻找岔口。

그는 7번 도로를 따라서 천천히 차를 운전하면서 갈림길을 찾고 있다.

只好沿街停放，沿街揽车，秩序混乱。

길을 따라 주차하고, 차를 둘러쌀 수밖에 없어, 질서가 혼란하다.

他们顺着非洲走，去到埃及。

그들은 아프리카를 따라 걸었고, 이집트까지 갔다.

6) 对 对于

"对"와 "对于"는 서로 "대해주다"라는 의미로 모두 동작의 대상을 제시한다. "对"는 사람을 나타내는 명사나 대명사 혹은 그에 상당하는 구 앞에, 특히 단독으로 쓰인 단어 앞에 쓸 수 있고, 조동사나 부사의 앞과 뒤에 쓸 수 있다. "对于"는 사물을 나타내는 명사구의 앞에 일반적으로 사용하고 사람과 사람 사이에는 쓰지 않으며, 조동사나 부사의 앞에 쓸 수 있다.

管理者对工作环境进行分析。　관리자는 근무 환경에 대해서 분석하였다.

好象工作对他是一种享受。　일은 그에게 일종의 즐기는 것 같았다.

我对朋友一向是很宽大的。　나는 친구에게 줄곧 매우 관대하였다.

他们都对这件事感兴趣。　그들은 모두 이 일에 대하여 흥미가 있다.

您自己对于这件事怎样解释呢？　당신 자신은 이 일에 대하여 어떻게 해석하세요?

7) 对于　关于

"对于"는 술어의 동작과 서로 관련이 있는 대상을 나타내는데, 주어의 앞뒤에서 부사어로 쓰이고, 목적어 앞에서 관형어로 쓰이지 않는다.

"关于"는 동작이 미치는 범위와 내용을 모두 나타내며 목적어 앞에서 관형어로 쓰일 수 있고, 주어 앞에서 부사어로도 쓰인다.

> 作者对于这个问题并没有作出正确的回答。
>
> 작가는 이 문제에 대하여 결코 정확한 대답을 하지 않았다.
>
> 人们在报纸上都读过关于上海的报道。
>
> 사람들은 신문에서 모두 상하이에 관한 기사를 읽은 적이 있다.
>
> 对于这个问题，我没有什么可说的。
>
> 이 문제에 관하여 나는 별 할 말이 없다.
>
> 关于这个问题，我们过去还很少注意。
>
> 이 문제에 관하여 우리는 과거에 주의를 거의 기울이지 못했다.

개사 "就"도 "关于"와 같이 동작이 미치는 범위와 내용을 모두 나타내는데, "就"는 주어의 앞뒤에서 부사어로 쓰일 수 있다.

> 双方就双边关系和共同关心的问题交换了意见。
>
> 양측은 쌍방 관계와 공통으로 관심을 가진 문제에 관하여 의견을 교환하였다.
>
> 就双边关系，两国领导人举行会谈。
>
> 양측의 관계에 관하여 양국 지도자는 회담을 하였다.

8) 关于 至于

"关于"와 "至于" 모두 동작이 미치는 범위나 내용을 나타내는데, "关于"는 하나의 화제를 나타낼 때 주로 쓰이고, "至于"는 원래의 화제 이외에 또 이와 관련이 있는 다른 화제를 이끌어낼 때 자주 쓰인다.

> 至于道家，它是一个哲学的学派。
>
> 도가로 말하면, 그것은 철학의 한 학파이다.
>
> 至于好的地方，我们且暂略不讲了。
>
> 좋은 곳에 관하여 우리는 잠시 생략하고 말하지 않겠다.

9) 从 自 由 打

시간과 공간의 개념에서 모두 사용되어, 행위나 동작이 발생한 기점이나 동작이 발생한 시점을 나타낸다. "自"는 글말에 많이 사용되고, "打"는 입말에 많이 사용된다.

> 他从窗户里往外看了看。
>
> 그는 창문 안에서 밖으로 좀 보았다.
>
> 他打算由明年开始来中国学习汉语。
>
> 그는 내년부터 중국에 와서 중국어를 공부하기 시작할 예정이다.
>
> 自古以来，这种习俗就为人们所喜欢。
>
> 자고이래로 이런 풍속은 사람들이 좋아하게 된다.
>
> 我打这儿往东去。
>
> 우리는 여기에서 동쪽으로 간다.

"从", "由"는 기점뿐만 아니라, 경과하는 노선, 장소를 나타낼 수도 있다.

大卡车不能从这里过。

큰 트럭은 여기로 지나갈 수 없다.

观众由二号门进场。

관중은 2번문으로 공연장에 들어간다.

"从", "由"는 발전, 변화, 범위의 기점을 나타낼 수도 있다.

他从中级阶段进入高级阶段。

그는 중급단계에서 고급단계로 들어섰다.

题目有一个从易到难的梯度。

제목은 쉬운 것에서 어려운 것까지 하나의 순서가 있다.

"从", "由"는 근원, 출처를 나타낸다.

现代汉语由古代汉语演变而来。

현대한어는 고대한어에서 발전해 온 것이다.

"由"는 원인이나 방식을 나타내고, 행위자를 제시하는 역할을 하기도 한다.

他由感冒而引起了肺炎。　그는 감기로 인해 폐렴을 야기했다.

代表由民主选举产生。　대표는 민주적인 선거로 선출된다.

这件事由你负责。　이 일은 네가 책임진다.

"自"는 장소나 근원을 나타내는 명사와 함께 개사구를 이루어 술어의 뒤에서 장소의 의미를 나타내는 보어로 쓰일 수 있다.

"词"这个概念来自西方语言学。

"단어", 이 개념은 서양 언어학에서 온 것이다.

本文引自≪人民日报≫。

이 글은 ≪인민일보≫에서 인용한다.

10) 按 按照

"按"과 "按照"는 근거를 표시하는 개사로 어떤 일을 하는 기준을 나타낸다. "按"은 뒤에 단음절 혹은 쌍음절 명사, 동사가 올 수 있고, 시간 난위를 나타내는 명사나 양사를 쓸 수 있으나 "按照"는 뒤에 쌍음절의 명사와 동사만이 올 수 있으며 시간 단위를 나타내는 명사나 양사를 쓸 수 없다.

按说，这应是一份令人满意的合同。

이치대로라면, 이것은 분명히 사람을 만족하게 하는 한 부의 계약서이다.

高考时是要按照成绩来排名的。

수능 때 성적에 따라서 이름을 배열한다.

按公司规定你得先付了订金。

회사 규정에 따라 너는 먼저 계약금을 지불했어야만 한다.

法国的工业生产指标平时按月份公布。

프랑스의 공업 생산 지표는 평상시 월별 발표된다.

坐飞机行李托运可是按公斤算。

비행기를 타면 수하물 탁송은 kg에 따라 계산한다.

11) 据　根据

"据"와 "根据"는 일을 하는 데 있어서 어떤 사물이나 동작의 전제나 기초를 나타낸다.

"据"는 단음절의 명사, 동사나 쌍음절의 동사가 올 수 있다.

"根据"는 쌍음절의 동사와 명사가 올 수 있다.

据说, 宋子文从美国回来。

듣자하니 송자문이 미국에서 돌아온데.

根据有关部门的统计, 全校有一半的留学生是韩国人。

관계 부서의 통계에 근거하면, 전교에서 절반의 유학생이 한국인이다.

据有关部门统计, 北海市目前有近50万人。

관계 부서의 통계에 근거하면, 베이하이시는 현재 근 50만 명이다.

本剧是根据同名小说改编的。

이 드라마는 똑같은 이름의 소설에 근거하여 각색한 것이다.

12) 在

개사 "在"는 명사나 대명사와 개사구를 이루어 동작이나 행위가 발생한 장소 또는 범위를 나타낸다. "在+명사"의 뒤에 방위명사 "上"이 오면 주로 어떤 방면이나 조건을 나타내고, "中"이 오면 주로 과정이나 범위를 나타낸다. "下"가 오면 주로 전제나 조건을 나타낸다.

该书在内容上还不够全面。　이 책은 내용상 아직 전면적이지 못하다.

他在实验过程中, 发明了火药。　그는 실험 과정에서 화약을 발명하였다.

杂志在大家的帮助下, 可以得到成功。　잡지는 모두의 도움 아래에 성공할 수 있었다.

141

1. 다음 문장에서 틀린 곳을 고치시오.

(1) 他们关于西洋的科学也相当尊重。

(2) 今天，这本对于中国新性格的书印出来了。

(3) 我在朋友一向是很宽大的，仅次于女人。

(4) 这两位伟大的诗人，生活同一时期。

(5) 学校跟城里有三、四十里路，没有电话。

(6) 你给我们带来了羽毛，我们深深地感谢向你。

(7) 他姐姐朝他介绍了这本书。

(8) 陈昌波登上了开向首都的火车。

(9) 现在我也经常有时候，对一些老师聊天。

(10) 学习者可向着教师提出问题。

(11) 有一个人在往着我身上泼水。

(12) 对于写这个日记的员工，得让他继续工作。

(13) 发现他在街对面呢，我就穿过马路往他奔。

(14) 1931年11月从商务印书馆出版上卷。

(15) 来在世界各地的观众都了解一场球赛的经过和结果。

(16) 他一定能向人类的进步事业作出更大贡献。

::: 把자문과 被자문 :::

1. 把자문

▶ footnote

정의: 把자문은 개사 "把"를 사용해서 동사의 **목적어**를 동사의 앞으로 **이동**해서 나타내는 문장 유형으로 "把+명사/대명사"로 이루어진 개사구가 술어의 앞에서 부사어로 쓰이는 문장이다.▶ 기본 구조와 실례는 다음과 같다.

"주어+술어+목적어"의 문장 유형은 일반적으로 평범한 서술을 나타내기 위해 사용하고, 把자문은 목적어인 동작의 대상을 개사 "把"로 이끌어 동작의 대상에 대한 처리를 강조하기 위해 사용한다.

주어(명사/대명사)+부사어(把+명사/대명사)+술어(동사)+기타
小说　　　　把　他　　　　　　吸引　住了

我们把房间收拾一下。　우리는 방을 좀 정리하자.
你把护照拿出来看看。　당신은 여권을 꺼내어 좀 보세요.
请你把这封信带给他。　당신은 이 편지를 그에게 가져다주세요.

"把"자의 목적어는 반드시 확정적인 것, 즉 말하는 사람과 듣는 사람이 인식하고 있는 사물이어야 한다. 따라서, "把"자의 목적어에는 한정적이지 않은 의미를 나타내는 "一"가 쓰이지 않고 "这", "那" 혹은 한정적 수식어가 그 앞에 사용된다.

他把这本书借给我了。　그는 이 책을 나에게 빌려주었다.
我们把开会的时间延长了一天。　우리는 회의를 여는 시간을 하루 연장하였다.
*服务员把一瓶啤酒拿来了。

把자문 술어의 동작은 동작의 대상에 대한 처리를 강조하기 때문에 술어로 동사 원형 그대로 쓸 수는 없다. 문장 가운데 동작의 대상이 어떤 결과가 발생하거나 어떤 상태에 처하게 되기 때문에 把자문의 술어인 동사 뒤에는 일반적으로 다른 성분이 부가되어야만 한다. 이러한 성분으로는 시태조사 "了"혹은 着, 보어,▶ 목적어 등이 오거나 동사를 중첩한다.

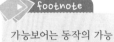
가능보어는 동작의 가능 여부와 관련되어 있어 把자문에 올 수 없다.

你把这杯茶喝了吧。　너는 이 차를 마셔라.

你把这张票拿着。　너는 이 표를 가지고 있어.

我把衣服洗干净了。　나는 옷을 깨끗하게 빨았다.

他把作业交给了张老师。　그는 숙제를 장 선생님께 제출하였다.

你把屋子收拾收拾。　너는 방을 좀 정리해라.

把자문의 술어로 동작의 대상을 처리하는 성질을 갖지 않는 동사는 술어로 사용될 수 없는데, 주로 사람이 감지하거나 인지하는 활동을 나타내는 동사 "觉得, 认识, 看见, 听见, 认为, 知道" 등과 심리적인 활동을 나타내는 동사 "喜欢, 关心, 担心, 同意, 讨厌, 生气" 등이 있다. 그리고 사람과 사물의 존재나 동등함을 나타내는 동사 "在, 有, 是, 像, 当, 等于" 등과 신체의 동작상태가 변화하지 않음을 나타내는 동사 "坐, 站, 躺, 跪, 蹲, 趴" 등과 방향을 나타내는 동사 "上, 下, 进, 来, 去, 出, 过去, 起来" 등도 把자문을 쓰지 않는다.

＊他把我的事情知道了。

＊我把他的意见同意了。

＊我把新的想法有了。

사람 신체에서 자신의 신체 동작을 나타내는 동사로 "抬, 举, 伸, 睁" 등이 있는데, 이 동사들은 把자문의 술어로 사용될 수 있다.

老人把眼睁开了。

노인은 눈을 떴다.

她悄悄把腿伸出去。

그녀는 살짝 다리를 내밀었다.

大家把头抬起来。

사람들은 머리를 들었다.

在座的大部分人都把手举了起来。

사리에 있는 대부분의 사람들은 모두 손을 들었다.

부정부사, 조동사, 시간명사는 일반적으로 술어의 앞에서 부사어로 쓰여 술어를 수식하는데, 把자문에서는 "把+명사/대명사" 개사구조의 앞에서 부사어로 쓰인다.

我没把衣服弄脏。

나는 옷을 더럽히지 않았다.

我想把桌子搬到窗户下边去。

나는 책상을 창문 아래로 옮기고 싶다.

昨天我把他批评了一顿。

어제 나는 그를 한 바탕 꾸짖었다.

把자문의 문장 구조에서 술어 앞에는 구조조사 "给"가 직접적으로 동사 앞에 쓰일 수 있는데, 회화체에서 많이 사용하고 "给"는 생략할 수도 있다.

他把衣服给晾干了。　그는 옷을 그늘에 말렸다.

让我把杯子给打碎了一个。　나는 컵을 하나 깨뜨렸다.

我们把房间都给收拾好了。　우리는 방을 모두 다 정리하였다.

2. 被자문

정의: 被자문은 개사 "被"를 사용해서 **피동**의 의미를 나타내는 피동문▶ 가운데 하나로 "被+명사/대명사"자로 이루어진 개사구가 술어의 앞에서 부사어로 쓰인 문장이다. 문장의 주어는 동작의 대상으로 기본 구조는 다음과 같다.

> *footnote*
>
> 피동문은 의미상의 피동문과 개사 "被", "叫", "让"이 사용되어 이루어진 피동문으로 크게 두 가지로 나눈다. 의미상의 피동문은 "作业已经写完了(숙제를 이미 다 했다)", "那本书放在那里已经好几周了(그 책은 거기에 놓여진지 이미 여러 주가 되었다.)" 등의 예문과 같이 동작의 대상이 주어로 사용되어 피동의 의미를 나타내는 문장이다.

주어+부사어 [被+명사/대명사] +술어(동사)+기타

他　　　被　小说　　吸引　住了

这本书被人借走了。

이 책은 다른 사람이 빌려갔다.

小张被大家批评了一顿。

장군은 사람들에게 꾸지람을 한바탕 들었다.

你的建议已经被领导采纳。

당신의 건의는 상사에게 이미 받아들여졌습니다.

被자문의 주어는 이미 아는 것으로 한정적▶이다. 따라서, 被자문의 주어는 한정적이지 않아 범위나 수량이 정해지지 않는 의미를 나타내는 "一"가 쓰이지 않고 "这", "那" 혹은 한정적 수식어가 그 앞에 사용된다.

수량이나 범위 따위를 제한하여 정하는, 또는 그런 것을 말한다.

他被老师批评了一顿。

그는 선생님에게 꾸지람을 한 차례 들었다.

*一个同学被老师批评了一顿。

那个人被小说吸引住了。

그 사람은 소설에 매료되었다.

*一个人被小说吸引住了。

개사 "叫", "让"도 "被"와 같이 피동문의 구조에서 모두 피동의 뜻을 나타낼 수 있다. "叫", "让"은 회화체 문장에서 많이 쓰고 목적어는 반드시 사용되어야 하나 "被"의 목적어는 때로 생략될 수 있다.

昨天我被问了许多问题。

어제 나는 많은 문제를 질문 받았다.

*昨天我叫问了许多问题。

他被罚了500美元。

그는 500달러의 벌금을 물었다.

*他让罚了500美元。

被자문의 술어는 把자문의 술어처럼 술어의 동작이 동작의 대상에 대한 처리를 강조하기 때문에 술어의 동사를 원형 그대로 쓸 수는 없다. 동사 하나만 올 수는 없고, 동사의 뒤에 다른 성분이 부가되어야 한다. 술어 뒤에 시태조사 了나

过, 혹은 보어,▶ 목적어 등이 와야만 한다.

footnote

가능보어는 동작의 가능여부와 관련되어 있어 被자문에도 올 수 없다.

钱包被他丢了。(*钱包被他丢)

지갑은 그가 잃어버렸다.

我被一阵雷声惊醒。(*我被一阵雷声惊。)

나는 한 바탕 울린 천둥 소리에 놀라서 깨었다.

他的汽车被别人开走了。(*被别人开)

그의 자동차는 다른 사람이 몰고 갔다.

被자문은 把자문과 마찬가지로 동사가 동일한 성질을 가지고 있다. 그런데 피동문의 의미적 특성에 따라서 被자문에 쓰일 수 있는 동사는 把자문보다 범위가 좀 더 넓다. 예를 들면 "看见, 听见" 등처럼 감지하거나 "知道, 认为" 등의 인지하는 것을 나타내는 동사는 把자문에 쓰일 수 없지만 被자문에는 쓰일 수 있다.

你的事被他知道了。

너의 일은 그가 알게 되었다.

又恰巧被他看见了。

또 공교롭게도 그에게 보여 졌다.

他们俩的话被老王听见了。

그들 둘의 말이 왕씨에게 들려졌다.

把자문의 술어로 사용될 수 있었던 자신의 신체 동작을 나타내는 동사 "抬, 举, 伸, 睁" 등은 被자문에 쓸 수 없다.

*眼被老人睁开了。

*腿被她悄悄伸出去。

*头被大家抬起来。

*手被在座的大部分人都举了起来。

부정부사, 조동사, 시간명사는 일반적으로 술어의 앞에서 부사어로 쓰여 술어를 수식하는데, 被자문에서도 "被+명사/대명사" 개사구조의 앞에서 부사어로 쓰인다.

那本书没被人借走, 你拿去看吧。

그 책은 다른 사람이 빌려가지 않았으니, 당신이 가져가서 보세요.

沉默不能被视作承诺。

침묵은 승낙으로 여겨서는 안 된다.

我的身份证昨天被小偷扒走了。

나의 신분증은 어제 좀도둑이 소매치기 해갔다.

被자문의 문장 구조에서 술어 앞에는 구조조사 "给"가 직접적으로 동사 앞에 쓰일 수 있는데, 회화체에서 많이 사용하고 "给"는 생략할 수도 있다.

竟然被我给找到了。   뜻밖에도 내가 찾게 되었다.

剩下的时间就被我给浪费了。   남은 시간은 나에 의해 낭비되었다.

一个日本兵的脸被她给抓破了。   한 일본 병사의 얼굴은 그녀에게 할퀴어 졌다.

상술한 把자문과 被자문의 구조와 의미, 그리고 특징에서 살펴보면, 把자문은 능동문이고 被자문은 피동문으로서 서로 표리 관계를 가진다고 할 수 있다. 이에 따라 서로 어순을 바꾸어 말할 수 있는 경우도 있다. 실례를 들면 다음과 같다.

他把我送回家。↔ 我被他送回家。

그는 나를 집에 배웅해 주었다.

他把东西拿来了。↔ 东西被他拿来了。

그는 물건을 가져왔다.

1. 다음 문장에서 틀린 곳을 고치시오.

(1) 请你把这个句子翻译中文。

(2) 晚上，他怕我腿凉，就放在他身上把我的脚。

(3) 人工心脏把他的生命近5个月延长了。

(4) 服务员把一瓶啤酒拿来了。

(5) 我把1998年的那个冬天永远忘不了。

(6) 我们把它必须牢牢记在心里，永远别忘了它。

(7) 我要把汉语水平提高。

(8) 我好像从来把一件事情没有给做好过。

(9) 可是那一天，我把新的想法有了。

(10) 给家里的信被写好了。

(11) 我们的每一个孩子都被老师能引导好。

(12) 一张信封就被他拿去了。

(13) 有人还记得为你发贺卡，说明你被他们还没所遗忘。

(14) 他原本有一根铁棍，却被他丢。

(15) 我刚才说的话都被他听见了。

(16) 手被班长先举了起来。

제11장

조사

1. 정의

단어나 구의 뒤에 붙어서 혹은 문장의 끝에 나와서 어떤 **문법 작용**을 나타내는 말이다. 품사 가운데 독립성이 가장 모자라고, 의미는 가장 실제의 뜻을 나타내지 않는 특수한 허사이다.

2. 분류

조사는 구조조사, 시태조사, 어기조사 세 가지로 나누어진다.

1) 구조조사

• 정의

단어의 뒤나 구의 뒤에 붙어서 어떤 문법 작용을 하는 말로 대표적인 구조조사로는 "的", "地", "得"가 있다.

〈的〉

"的"는 관형어의 바로 뒤에 나와 관형어와 중심어를 연결하는 구조조사로서, 관형어가 중심어를 수식하는 기본형식인 "관형어+的+중심어" 구조에서 사용된다. 관형어에는 명사, 대명사, 동사, 형용사 혹은 각종 구가 와서 사용된다.

大学的教育　　你的生日

认识的对象　　幸福的人

具备条件的企业　　关于人的发展　　又好又便宜的车

"的"가 명사, 대명사, 동사, 형용사의 뒤에 붙어 "的"자 구조를 이루어 "~것"의 의미로 명사의 역할을 한다. 동사나, 형용사의 뒤에 "的"가 붙어 이루어진 구는 문장에서 주어나 목적어로 사용된다.

一个是木头的，一个是铁的。

하나는 나무로 만들어진 것이고, 하나는 철로 만들어진 것이다.

这本书不是我的。

이 책은 나의 것이 아니다.

不过由于货币不足，买的都不多。

하지만 돈이 부족하였기 때문에 산 것은 그리 많지 않다.

嘴唇是紫的，眼睛是红的。

입술은 보라색이고 눈은 빨강색이다.

일부 조동사와 정도부사가 쓰인 문장의 끝에서 사용되어 고정적인 형식으로 사용된다.

我们相信会成功的。　우리는 성공할 거라고 믿는다.

看样子今天要下雨的。　보아하니 오늘 비가 오려고 한다.

大大的眼睛，小小的鼻子，怪可爱的。　매우 큰 눈과 매우 작은 코가 굉장히 귀엽다.

这条街搞得还挺干净的。　이 거리는 매우 깨끗하게 만들어졌다.

得到母爱已经让你够幸福的了。

어머니의 사랑을 받는 것은 이미 너로 하여금 충분히 행복하게 하는 것이다.

형용사 중첩이 문장 가운데 술어나 보어로 쓰이면 대부분 바로 뒤에 "的"를 많이 붙여 쓴다.

> 这件衣服干干净净的。
>
> 이 옷은 매우 깨끗하다.
>
> 这话，让人听了心里暖暖的。
>
> 이 말은 사람이 들으면 마음이 매우 따뜻해진다.
>
> 节日里，孩子们打扮得漂漂亮亮的。
>
> 명절에 아이들은 매우 예쁘게 단장한다.
>
> 你回来时，手脚冻得冰凉冰凉的。
>
> 네가 돌아올 때, 손발이 얼어서 매우 차갑다.

〈地〉

"地"는 부사어와 중심어인 동사를 연결하는 구조조사로서, 기본형식은 "부사어+地+동사"이다.

부사는 일반적으로 문장에서 부사어로 쓰이는데 이때에는 구조조사 "地"를 붙이지 않는다. 일부 쌍음절 부사는 수식하는 역할을 강조할 때, "地"를 붙인다.

> 经理轻轻地拍两下手。
>
> 사장님은 가볍게 손뼉을 두 번 쳤다.
>
> 根本无法吸收，白白地浪费掉了。
>
> 근본적으로 흡수할 방법이 없어, 헛되이 낭비해 버렸다.
>
> 他实际上非常地聪明，可能太聪明了。
>
> 그는 실제적으로 매우 똑똑한데, 아마 너무 똑똑하다.

쌍음절 형용사와 형용사 중첩이 부사어로 쓰이면 일반적으로 "地"를 붙인다.

每天下课以后，安娜总是认真地做作业。

매일 수업이 끝난 후에, 안나는 늘 진지하게 숙제를 한다.

全都安安静静地等待着。

모두 아주 조용하게 기다리고 있다.

她带着儿子高高兴兴地走进商场。

그녀는 아들을 데리고 매우 신나게 가게로 들어갔다.

각종 구가 부사어로 쓰이면 일반적으로 "地"를 붙인다.

上海复旦大学非常热情地接待了我。

상하이 복단대학은 매우 친절하게 나를 접대하였다.

事情要一件一件地做。

일은 하나 하나 해야 한다.

他全心全意地为大家服务。

그는 전적으로 사람들을 위해 봉사한다.

〈得〉

"得"는 술어와 보어를 연결하는 구조조사로서 기본형식은 "술어+得+보어"이다. 술어로는 동사와 형용사가 많이 사용된다.

"得"는 술어의 뒤에 쓰여 정도보어를 이끌며 술어의 정도를 나타낸다.
"술어+得+정도보어" 구조의 부정은 정도보어를 부정한다.

这四个汉字写得很好。　이 네 개의 한자는 매우 잘 썼다.

今天我起得很早。　오늘 나는 매우 일찍 일어났다.

英文讲得不太好。　영어를 그다지 잘 말하지 못한다.

奶奶嫌洗衣机洗得不干净。　할머니는 세탁기가 깨끗하게 빨지 못하는 것을 싫어한다.

"得"는 술어의 뒤에 쓰여 가능보어를 이끌며 술어의 가능, 불가능을 나타낸다. "술어+得+가능보어"의 부정은 "得"를 "不"로 바꾸어서 나타낸다.

这根木头谁都拿得动。　이 나무는 누구든지 들 수 있다.

这句话，三分钟写得完吗? 이 말은 3분이면 다 쓸 수 있나요?

你做不出来，我也做不出来。　당신이 해낼 수 없으면, 저도 해낼 수 없습니다.

今天我带的东西多，我拿不动。　오늘 제가 가져온 물건은 많아서, 들 수가 없습니다.

제11장

조사

2) 시태조사

동작이나 상태의 진행 단계를 나타내는 말을 시태조사라고 하는데, 현대 중국어의 시태조사로 대표적인 것은 "了, 着, 过"가 있고, 이는 또한 동태(動態)조사라고도 부른다.

footnote

시태(時態)는 사건이 어떠한 단계에 처해 있는 특정 상태를 나타내, 과정 내부로 깊게 들어가 그 각 발전단계 상황의 결과를 관찰하는 것이다. 시태를 나타내는 문법 성분 가운데 가장 대표적인 것이 시태조사이다.

• 시태조사 了

시태조사 "了"는 주로 동사의 뒤에 붙어 동작이나 행위가 이미 완성되었거나 실현되었음을 나타낼 수도 있고 미래의 어떤 시점에 장차 완성될 동작에도 "了"를 쓸 수 있다.

蔡老师早就看出了问题。

채 선생님은 일찍이 문제를 알아차렸다.

会议通过了关于加强精神文明建设的决定。

회의는 정신문명건설 강화에 관한 결정을 통과하였다.

你走了十分钟他就来了。

네가 간 지 10분이 지나서 그가 왔다.

吃了中午饭后，我要去北大看我的朋友。

점심밥을 먹은 후에, 나는 북경대학에 가서 나의 친구를 보려고 한다.

형용사의 뒤에 붙어 상태가 출현하였음을 나타내기도 한다.

他当时微微脸上红了一下。

그는 당시에 살짝 얼굴이 좀 붉어졌다.

果实熟了，缩成球形。

과실이 익어, 둥근 형태가 되었다.

만약 동사 뒤에 "了"도 있고 목적어도 있을 때, 목적어는 일반적으로 수량을 나타내는 말이나 수식을 해주는 관형어를 가져야만 한다.

昨天，我翻译了八个句子。

어제, 나는 8개의 문장을 번역했다.

目前公司产品销售遇到了一些困难。

현재 회사 상품 판매는 약간의 어려움을 만났다.

他昨天参加了他们班的排球比赛。

그는 어제 그들 반의 배구 시합에 참가하였다.

술어 뒤에 결과보어가 있을 때, "了"는 결과보어의 뒤에 쓰며, 즉 "동사+결과보어+了+목적어" 형식을 구성한다.

> 牛奶喝完，信也看完了。　우유를 다 마시고 편지도 다 보았다.
> 他们永远记住了那个日子。　그들은 영원히 그날을 기억하였다.
> 医生们治好了他的病。　의사들은 그의 병을 다 치료하였다.

연동문 두 동사의 동작에서 뒤에 나오는 동사의 동작이 앞에 나오는 동사 동작의 목적을 나타낼 때, "了"는 뒤에 나오는 동사의 바로 뒤에 붙는다.

> 我今天又去问了老板娘。　나는 오늘 또 안주인에게 물어보러 갔다.
> 我回来告诉了郭书记。　나는 돌아와 곽 서기에게 알려주었다.
> 年轻人去图书馆借了一本书。　젊은이는 도서관에 가서 한 권의 책을 빌렸다.

시태조사 "了"는 일반적으로 동작이 완성되었거나 상태가 이미 출현했다면 동사나 형용사 뒤에 사용되지만 다음과 같은 경우 생략이 가능하다.

동사의 동작이 지속적으로 일어나는 경우에는 "了"를 생략하거나 다른 시태조사를 붙인다.

> 他一直等我穿好衣服。　그는 줄곧 내가 옷을 다 입는 것을 기다린다.
> 风一个劲儿地刮着，暴雨下个不停。　바람이 줄곧 불고, 폭우가 끊임없이 내린다.

자주 반복적으로 여러 번 하는 동작이나 늘 일어나는 일을 말하는 경우에는 동사의 뒤에 "了"를 생략한다.

*原来你常常来了偷看她。

*他总是帮助了他们解决生活工作中的一个个困难。

심리적으로 활동을 나타내는 동사 뒤에는 시태조사 "了"를 붙일 수 없다.

*我喜欢了这孩子懂事。

*语言研究最关心了组合位置中的替换。

중심어의 앞에서 관형어로 쓰이는 동사 뒤에는 "了"를 붙일 수 없다.

*今年已经参加了的考试不少。

*交了的朋友越多, 今后的发展路子也越宽。

"是……的" 구문이나 "……的时候"의 구문은 동사 뒤에 "了"를 붙일 수 없다.

*我们怕赶不上, 是坐了飞机来的。

*我买了东西的时候小贩们总是不断地欺骗我。

"以前"이 쓰인 문장에서 동사 뒤에 "了"를 사용하지 않지만, "以后"가 쓰인 문장에서는 동사 뒤에 "了"를 사용할 수 있다.

*他来了中国以前不会说汉语

我来了以后从来没有见过他皱眉头。

내가 온 이후 여태까지 그가 눈살을 찌푸리는 것을 본적이 없다.

〈 "了"의 부정식〉

시태조사 "了"가 사용된 문장을 부정하려면 동사의 앞에 "没"를 써서 부정하는데, 이때 동사의 뒤에는 "了"를 쓸 수 없다. 단, 부정부사 "没"의 앞에 시간의 길이를 나타내는 말이 오면 문장 끝에 어기조사 "了"를 붙일 수 있다.▸

footnote

어기조사는 진술, 의문, 명령, 감탄의 말투와 화자의 마음 상태나 기분 등 여러 가지 말투를 도와주는 말로서 문장 끝에 사용된다.

她立刻去了公司的办公室。

그녀는 즉시 회사의 사무실에 갔다.

*她立刻没去了公司的办公室。

我们已经看见了许许多多的科学伟人。

우리는 이미 매우 많은 과학 위인을 보았다.

*我们已经没看见了许许多多的科学伟人。

赵老板两天没来了，有事跟我说一声吧。

조 사장님은 이틀 동안 안 나오셨는데, 일이 있으면 저에게 말씀하세요.

• 시태조사 '着'

시태조사 "着"는 동사의 뒤에 붙어 동작 자체가 지속되거나 동작 이후에 어떤 상태가 지속됨을 나타낸다.

桌子上放着一盒糖。   책상 위에 사탕 한 갑이 놓여 있다.

正面墙上挂着一张硕大的中国地图。

정면 벽에 대단히 큰 중국지도가 한 장 걸려있다.

一张小桌子两边坐着两个孩子。   한 작은 책상 양쪽에 두 아이가 앉아 있다.

大批的工人都等着下班呢。   많은 노동자들이 모두 퇴근하기를 기다리고 있다.

연동문에서 첫 번째 동사의 뒤에 "着"가 붙어 사용될 수 있는데, 이때 첫 번째 동사는 두 번째 동사의 방식을 나타낸다.

他们两个就站着讲话。

그들 둘은 서서 말을 하고 있다.

握着手不放还要谈话。

악수하면서 놓지 않고 더 이야기를 하려고 한다.

"동사+着"의 뒤에 "지속"의 문법 의미와 어울리지 않는 시간의 길이를 나타내는 시량보어나 동작의 횟수를 나타내는 동량보어를 함께 쓸 수 없다.

*可不是嘛！病着一个多月啦。

*我等着半天，他还没回来。

이 외에도 지속을 나타낼 수 없는 동사는 시태조사 "着"와 함께 사용될 수 없다. 이러한 동사의 동작은 발생하자 곧 없어진다. 비지속동사로 자주 사용되는 것으로는 "死, 来, 去, 到, 散, 懂, 完, 离开, 毕业, 停止, 出发, 碰见, 遇到, 记得, 忘记" 등이 있다. 실례를 들면 다음과 같다.

*我和父母亲去着学校。

*历史调查也不能离开现实社会。

• 시태조사 '过'

과거에 일찍이 어떤 일이 발생하거나 경험한 적이 있음을 나타내고자 할 때 동사의 뒤에 시태조사 "过"를 사용하여 나타낸다. "~한 적이 있다"라는 의미로 과거에만 사용된다.

> 我看过你演的电影。
>
> 나는 네가 공연한 영화를 본 적이 있다.
>
> 每天下午喝过一壶热茶。
>
> 매일 오후에 뜨거운 차 한 주전자를 마신 적이 있다.
>
> 我基本上读过巴菲特每一本书。
>
> 나는 기본적으로 워렌 버핏의 각각의 책들을 읽은 적이 있다.

형용사 뒤에도 "过"를 쓸 수 있는데, 이때는 과거에 지나간 형용사의 성질이나 상태를 나타내 비교의 의미가 담겨 있다.

> 我在年轻的时候也胖过。
>
> 나는 젊었을 때도 뚱뚱한 적이 있다.
>
> 苍白的脸，从前可能漂亮过。
>
> 창백한 얼굴이 예전에는 아마 예쁜 적이 있었을 것이다.

때로는 심리 활동을 나타내는 동사 뒤에 "过"를 놓아서도 비교의 의미를 나타낸다.

> 我从来没这么喜欢过汉语。
>
> 나는 여태까지 이렇게 중국어를 좋아한 적이 없다.

"술어+목적어"의 구조로 이루어진 동사는 "过"를 동사의 뒤에 놓아야 한다. 목적어는 주로 명사나 대명사이므로 "过"를 목적어의 뒤에 놓으면 문장이 성립하지 않는다.

她不愿意他结过婚。

그녀는 그가 결혼한 적이 있는 것을 원하지 않는다.

我亲自跟他们一块谈过话， 聊过天。

나는 몸소 그들과 함께 이야기하고 한담한 적이 있다.

시태조사 "过"가 쓰인 문장을 부정할 경우에는 시태조사 "过"가 과거의 경험을 나타내므로 "没"를 사용하여 "没(有)······过"의 형식으로 과거 경험에 대한 부정의 의미를 나타낸다.

他从来没说过一个不字。

그는 여태까지 한 번도 "아니요"라고 말한 적이 없다.

十几年来他几乎没看过电影。

십여 년 이래로 그는 거의 영화를 본적이 없다.

我已经好些时间没去过他家了。

나는 이미 오랜 시간 그의 집에 가본 적이 없다.

3) 어기조사

어기(语气)는 말투로서 진술, 의문, 명령, 감탄 등의 대표적인 어기가 있다. 어기조사는 진술, 의문, 명령, 감탄의 말투와 화자의 마음 상태나 기분 등 여러 가지 말투를 도와주는 말로서, 문장 끝에 사용되어 여러 가지 서로 다른 말투를 나타낸다. 자주 사용되는 어기조사로는 "吗, 了, 呢, 吧, 的, 嘛, 啊, 呗" 등이 있다.

• 吗

"吗"는 평서문의 끝에 사용되어 의문을 나타내는 의문문을 만드는 데 쓰인다.
가장 기본적이고 대표적인 의문 어기조사로서 사용된다.

你是学生吗? 당신은 학생입니까?

今年夏天还会热吗? 올해 여름은 또 더울까?

你的爸爸妈妈喜欢他吗? 당신의 아빠와 엄마는 그를 좋아하십니까?

술어의 주요 성분인 동사와 형용사의 긍정형과 부정형을 나란히 병렬하면 정
반의문문이 되는데, 정반의문문과 "吗"를 사용하여 만든 의문문은 형식은 다르
지만 문장 안에서 뜻하는 의미는 서로 같아 바꾸어 쓸 수도 있다.

明天是不是星期天? ↔ 明天是星期天吗?

내일은 일요일입니까 아닙니까?

你说我们的希望大不大? ↔ 你说我们的希望大吗?

너는 우리의 희망이 큰지 크지 않은지 말하는 거야?

你有没有自我怀疑的时候? ↔ 你有自我怀疑的时候吗?

너는 자신을 의심한 때가 있니 없니?

"吗"는 자주 "不是"나 "难道"와 함께 쓰여 부정의문문 "不是……吗"나 "难
道……吗"의 형식으로 반어문에 쓰인다. 실례를 들면 다음과 같다.

字迹不是你的吗? 필적은 너의 것이 아니니?

难道不都是真正的现实吗? 설마 모두 진정한 현실인 것은 아니니?

难道真的回不去了吗? 설마 정말로 돌아갈 수 없는 건가요?

• 了

어기조사 "了"는 일반적으로 문장의 끝에 쓰여 어떤 상황이나 상태의 변화를 나타내, 새로운 상황이 출현한 것을 나타낸다.

> 天冷了, 下雪了。 날이 추워지고, 눈이 내렸다.
>
> 这次我就不去上课了。 이번에 나는 수업하러 가지 못한다.
>
> 他说今年十六岁了。 그는 올해 열여섯 살이라고 말한다.
>
> 吃饱了, 扭身就走。 배가 불러서 몸을 돌려 바로 갔다.

형용사의 뒤에 어기조사 "了"가 붙어서 사물의 성질이나 상태가 변화가 발생함을 나타낸다.

> 苹果已经红了, 可以吃了。
>
> 사과가 이미 붉어져서 먹을 수 있다.
>
> 这边树叶绿了, 姑娘啊! 春天到了。
>
> 이곳의 나뭇잎은 푸르러졌네, 아가씨야! 봄이 왔다.

문장의 끝에 어기조사 "了"를 붙여서 감탄의 어기를 나타내기도 한다. "太"와 함께 자주 쓰인다.

> 他太了不起了!
>
> 그는 너무 대단하다!
>
> 真是太好了!
>
> 정말 너무 좋다!
>
> 够了! 够了! 读到这里就行了。
>
> 됐어요! 됐어요! 여기까지 읽었으면 되었습니다.

어기조사 "了"가 쓰여 새로운 상황이 이미 출현한 문장을 부정할 때는 "没"를 사용하는데 이때 문장의 끝에 "了"는 사용할 수 없다.

他已经到站了 → 他还没到站。
그는 이미 역에 도착했다 → 그는 아직 역에 도착하지 않았다.
我已经看完这封电报 → 我还没看完这封电报呢。
나는 이미 이 전보를 다 보았다 → 나는 아직 이 전보를 다 보지 못했다.

하지만 동사 앞에 일정한 시간을 나타내는 말이 있으면 문장 끝에 어기조사 "了"를 쓴다.

母亲好长时间没见到他了。
어머니는 오랜 시간 그를 만나지 못했다.
我好久没看过这么好的歌会了。
나는 오랫동안 이렇게 좋은 노래 공연을 본 적이 없다.

어기조사 "了"가 쓰인 문장을 부정할 때에는 "不"를 사용하기도 하는데, 장차 출현할 새로운 상황을 부정한다. 즉, "기존에 계속해오던 동작을 이제는 다시 하지 않는다"는 의미로 사용한다.

天气不好，运动会不举行了。
날씨가 좋지 않아 운동회는 열리지 않았다.
我以前挺能抽，现在不抽了。
나는 이전에 아주 담배를 잘 피웠는데 지금은 피우지 않는다.

부정형식에는 "没"와 "不" 이외에도 "不要", "别" 등을 사용하며, 문장 끝에는 어기조사 "了"와 함께 사용한다.

我们不要说中国民族衰老了。　우리는 중국 민족이 노쇠하다고 말하지 마라.

别走了, 一块儿吃饭吧, 今天我请客。　가지 마, 함께 밥 먹자, 오늘 내가 한 턱 낼게.

• 的

평서문의 문장 끝에 사용되는 어기조사로 긍정의 어기를 강화한다. "的"가 문장의 끝이나 술어의 뒤에 붙어서 이미 발생되거나 실현된 일의 시간이나 장소, 인물, 방식 등을 강조한다.▶ 일반적으로 "是"와 함께 사용되어 "是……的" 형식으로 사용된다. "是"는 강조하려는 것의 앞에 놓이고 생략할 수 있으며 "的"는 일반적으로 문장의 끝에 놓인다. "是"는 대명사 "这"와 "那"가 주어일 때와 "是……的"의 부정형식인 "不是……的"일 때 생략할 수 없다. 그리고 "是……的" 안의 동사가 목적어를 가지고 있다면, 이 목적어는 "的"의 앞이나 뒤에 놓일 수 있다. 만약 목적어가 인칭 대명사라면 대개 "的"의 앞에 놓인다.

▶ footnote

화자나 청자가 어떤 동작이나 행위가 이미 발생하거나 실현되었음을 모두 알고 있는 상태에서 주로 동작이나 행위가 행해진 시간, 장소, 방식, 인물 등을 강조한다.

我们是星期日去公园的。

우리는 일요일에 공원에 갔습니다.

从名字到制作方法都是从韩国引进的。

이름에서 제작 방법까지 모두 한국에서 들여온 것입니다.

我想这是谁寄的。

나는 이것은 누가 붙인 것일까를 생각한다.

我是在北京上的大学。

나는 북경에서 대학에 다녔습니다.

자주 "会"와 함께 사용되어 "会……的" 구조로 사용되는데, "会"는 조동사로서 추측의 용법으로 "~일 것이다"의 의미로 사용된다.

你走以前，她会回来的。

네가 가기 전에 그녀는 돌아올 것이다.

这个你不必担心，孩子自己会处理好的。

이것은 네게 걱정할 필요가 없어, 아이들 자신이 잘 처리할 거야.

• 呢

어기조사 "呢"는 의문문과 평서문의 뒤에 사용되어 다양한 어기를 나타낸다. 화자의 질문에 대답하고 다시 되물어 볼 때 사용한다. 일반적으로 동일한 내용을 중복하여 사용하지 않기 위해서 사용한다. 앞의 내용과 대비되는 내용을 나열할 때 사용하기도 한다.

你不知道，她呢?

당신이 모르면, 그녀는요?

他不完全这样考虑问题，你呢?

그가 완전히 이렇게 문제를 고려하지 않았는데, 너는?

我要去看电影，小王呢，却偏要去跳舞。

나는 영화를 보러 가려 하지만, 왕 군은 기어코 춤을 추러 가려고 한다.

동작의 진행을 나타내는 시간부사 "正", "正在", "在"와 함께 사용되어 진행의 어기를 나타내고, 시태조사 "着"의 뒤에 함께 사용되어 상태의 지속을 나타낸다.

目前研究正在进行呢。

현재 연구가 마침 진행되고 있다.

有两个人，正热热闹闹地在跳舞呢。

두 사람이 있는데, 마침 시끌벅적하게 춤을 추고 있다.

她在花园里等着你呢。

그녀는 정원에서 너를 기다리고 있다.

문장 끝에 의문부호가 붙어 이루어진 반어문의 문장 끝에 쓰이는데 자주 "何必", "哪能", "谁", "怎么", "怎能" 등의 단어와 함께 사용한다.

我哪能进步那么快呢?

제가 어찌 진보가 그렇게 빠를 수 있겠습니까?

谁知道弟弟改了名字没有呢?

누가 동생이 이름을 고쳤는지 아는가?

再多讲也没用，何必浪费时间呢?

아무리 말해도 소용이 없는데, 하필 시간을 낭비할 필요가 있나?

정반의문문은 술어의 주요 성분인 동사와 형용사의 긍정형과 부정형을 나란히 병렬하여 나타낸다고 하였는데, 이러한 정반의문문의 끝에 어기조사 "呢"를 붙인다.

我来请你了，你去不去呢? 제가 당신께 부탁드리러 왔는데, 당신은 가시는지요?

你喜不喜欢这份工作呢? 너는 이 일을 좋아하니?

彼此之间会不会有一些障碍呢? 서로 간에 약간의 장애를 가지고 있을까?

의문대명사가 쓰인 의문문의 문장 끝에 쓰여서 일반적으로 의문대명사와 함께 사용한다. 주로 의문의 어기를 나타낸다.

这到底是<u>怎么</u>回事<u>呢</u>? 이것은 도대체 어떻게 된 일인가?

这是事实, 你<u>怎么</u>不能相信<u>呢</u>? 이것은 사실인데, 너는 어떻게 믿을 수가 없어?

<u>什么时候</u>有这种感觉<u>呢</u>? 언제 이런 감각이 있나요?

선택의문문의 문장 끝에 쓰이어 둘 중에 어느 것을 선택할 것인지를 상의하거나 물어보는 어기를 가진다.

你是吃米饭还是吃煎饼呢?

너는 밥을 먹을래? 전병을 먹을래?

庄先生, 您喝茶还是冷饮呢?

장 선생님, 당신은 차를 드실래요? 차가운 음료를 드실래요?

第二天怎么办? 去上班还是不去呢?

둘째 날은 어떻게요? 출근하러 가나요? 아니면 출근하러 가지 않나요?

어기조사 "呢"가 부사 "才", "可"와 함께 쓰여 "才/可+……+呢"의 형식으로 "강조"나 "과장"의 의미를 나타낸다.

我管的事儿可多呢。

내가 관여하는 일이 정말 많아.

这里的秋天才美呢。

여기의 가을이 정말 아름답다.

这四个人一块走, 不出事才怪呢!

이 네 사람이 함께 가는데, 사고가 나지 않는 것이야말로 이상하지!

• 吧

제안이나 요구의 의미를 나타내는 경우 주로 "吧"를 문장 끝에 사용하여 말투를 부드럽게 한다. 명령이나 금지의 의미를 나타내는 경우에는 "吧"를 사용하지 않고 동사의 원형을 그대로 사용한다.

你给我说说吧! 당신은 저에게 좀 말해보세요!

过来, 和我们一起看吧! 이리와, 우리와 함께 보자!

那你就在这里画吧! 그러면 너는 여기에서 그려라!

"吧"는 또한 평서문이나 의문문의 끝에 사용되어 추측의 어기를 나타낸다. 때로는 "大概", "也许" 등의 부사와 호응하여 사용되기도 한다.

他们平时也不回来吧?

그들은 평상시에도 돌아오지 않나요?

看样子, 先生你是中国人吧?

보아하니, 선생님은 중국인이시죠?

我在中国出生, 也算半个中国人吧。

나는 중국에서 출생하였는데, 또한 반 중국인인 셈이죠.

가정문의 문장 가운데 사용되어 어떤 조건이나 전제를 내세워 청자로 하여금 화자의 처지를 고려하게 하는 뜻을 가진다.

扔了吧, 觉得可惜; 不扔吧, 又实在没有地方放。

버리자니 아깝고 안 버리자니 또 실제로 놓아 둘 곳이 없다.

• 嘛

어기조사 "嘛"는 평서문의 문장 끝에 쓰이고, 의문문에는 쓸 수 없다. 화자가 이치상 명백히 알 수 있음을 나타낸다.

> 失败是成功之母嘛，下次再来。
> 실패는 성공의 어머니잖아, 다음에 다시 와.
> 你还很年轻嘛，从作家的角度来讲。
> 당신은 아직 매우 젊잖아요, 작가의 관점으로 말씀하세요.
> 他是回民嘛，这和汉民就不一样。
> 그는 회족이잖아, 이것은 한족과 다르다.

평서문의 문장 끝에 쓰여서 그만두도록 충고하는 어기를 나타낸다.

> 不要挤我嘛。
> 나를 궁지에 몰지 마!
> 你不要走那么快嘛。
> 너 그렇게 빨리 걷지 마!

문장 가운데 멈추는 곳에 어기조사 "嘛"가 사용되어 청자로 하여금 다음 문장에 대한 주의를 환기시킨다.

> 家庭嘛，就应该充满欢笑。
> 가정이란, 웃음이 가득 해야만 한다.
> 钱嘛，目前为止还谈不上，等以后再说吧。
> 돈은, 지금까지 아직 말할 수 없고, 앞으로 다시 말하자.

• 呗

평서문의 문장 끝에 쓰여서 자주 사실이나 이치가 간단하고 명백하며, 매우 이해하기 쉬움을 나타낸다.

孩子喜欢，就让他玩玩呗。

아이가 좋아하니, 그로 하여금 좀 놀게 하면 되지.

反正，都是公家的，拿就拿呗！

어쨌든, 모두 공적인 것이니, 가져가려면 가져가면 되지.

이미 나타난 행위에 대해 불만이나 개의치 않음을 나타낸다.

你想走，没人拦你，走就走呗。

네가 가고 싶은데, 너를 막을 사람이 없으니, 가려면 가.

知道，说就说呗，我不是那种人。

알았어, 말하려면 말해, 나는 그런 사람이 아니야.

来就来呗，带东西干吗呀？

오려면 와, 물건을 가지고 뭐해?

• 啊

감탄의 어기를 나타낸다.

你看，好冷啊！ 보세요, 정말 추워요!

你今天多漂亮啊！ 너는 오늘 너무 아름답다!

你的进步可真快呀！ 너의 진보는 정말 빠르구나!

의문의 어기에도 사용된다.

你喝不喝啊? 너는 마실래?

是不是真的啊? 정말이야?

이 외에도 사람을 불러서 주위를 환기시키거나 사물을 열거할 때도 사용한다.

小张呀, 刚才到村委会找过你。

장 군아, 방금 촌민위원회에 가서 너를 찾았어.

书啊, 杂志呀, 摆满了一书架子。

책, 잡지가 온 책꽂이에 가득 진열되어 있다.

어기조사 "啊"는 앞 음절의 운모에 따라서 〈표13〉과 같이 발음이 바뀐다.

〈표13〉 啊의 발음변화

앞 음절의 끝 운모	한자	발음
a, e, i, ü	呀	ya
u, ao, iao	哇	wa
n	哪	na

이 외에도 운모가 아니라 "啊"의 앞에 음절이 "了"로 끝나면 뒤의 "啊"와 합쳐서 "啦"로 읽히고, 앞의 음절이 "呢"로 끝나면 뒤의 "啊"와 합쳐서 "哪"로 읽힌다.

177

1. 다음 문장에서 틀린 곳을 고치시오.

(1) 汉语说真好, 开始我还以为她是汉人呢。

(2) 他们会非常清楚写明年销量。

(3) 我们和他们一同愉快度过了一个小时。

(4) 多地听多地说, 慢慢地也就适应了。

(5) 哪个唱好, 哪个唱差, 我只有一个标准。

(6) 他钱够多了, 足够他花三辈子也花不完。

(7) 她并不是他一向所想象人。

(8) 兄弟俩早上吃饭就去上学。

(9) 他每天下午都去了那儿。

(10) 农民们很喜欢了中央电视台改版后的≪天气预报≫节目。

(11) 每人面前都放10元、20元不等的人民币。

(12) 妈妈正在厨房做着早餐，小明跑到了厨房。

(13) 他们的公益行动都不会停止着。

(14) 我一直不知道他曾经结婚过。

(15) 十九小时以后姐还没到站了。

(16) 我从来没有说这不是你的家。

(17) 当她看见了太阳的时候，一切都不一样了。

제12장

접속사

1. 정의

　단어, 구, 문장을 **연결**하는 말을 접속사라고 한다. 접속사는 두 개 또는 두 개 이상의 의미적으로 관계를 맺고 있는 절로 이루어진 복문▶을 이어주는 역할을 한다. 이러한 접속사는 반드시 짝을 이루어 사용하는 경우와 두 접속사 가운데 한쪽만 단독으로 사용하는 경우가 있다.▶

footnote

반드시 짝을 이루어 앞뒤로 둘 다 쓰는 접속사에는 "一······就······, 一边─一边······, 不是······就是······, 不管······都······" 등이 있고, 한 쪽만 단독으로 사용하는 접속사에는 "就, 所以, 但是, 而且" 등이 있다.

2. 구조 특징

　접속사는 단어와 단어, 구와 구, 혹은 단문과 단문 사이의 관계를 표시한다.

footnote

복문을 구성하는 요소는 단문이라고 하는데, 이 단문은 주어와 술어로 이루어진 "주술문"과 주어와 술어가 갖추어지지 않은 "비주술문"으로 나누어진다. 이 단문은 서로 다른 문장의 성분이 되지 않는다. 즉, 하나의 단문이 다른 단문 가운데 들어가 하나의 문장 성분으로 쓰이지 않는다는 뜻이다. 복문은 형태와 의미 관계로 나누어 형태로 보면 접속사가 없는 유형과 있는 유형으로 나누고, 의미 관계로는 등위 유형과 편정 유형으로 나눈다. 등위 유형은 두 단문이 의미적으로 같은 비중인 복문이고, 편정 유형은 의미 비중이 한쪽으로 편중 되는 복문을 말한다. 편정 유형에서 의미의 중점은 주로 뒷부분의 단문에 있다. 등위 유형이나 편정 유형에서 두 단문 사이에는 각종 관련사가 사용되어 여러 관계를 나타낸다. 단문과 단문 사이에는 쉼표나 세미콜론을 사용하여 문장의 멈춤을 표시한다.

일부 접속사는 부사와 함께 사용되어 접속사 기능을 수행하는데, 이 경우의 부사를 관련부사라고 부르기도 하는데 부사어로 사용되어 단문 가운데 뒤에 나오는 단문의 술어 앞에 위치한다. 두 단문의 주어가 같을 경우에는 주어의 뒤에 접속사가 놓이지만, 주어가 다른 경우에는 대부분 주어의 앞에 놓인다. 두 번째 단문의 접속사는 반드시 주어의 앞에 놓여야 한다. 복문에서 때로 각 단문은 하나의 주어를 공유한다. 이때 주어는 대부분 생략되며 한 개의 단문에서만 나타나게 된다.

3. 분류

복문에서 단문과 단문 사이의 관계를 의미적으로 보면 두 단문이 의미적으로 동일한 비중인 등위(等位) 유형과 의미의 비중이 한쪽으로 치우치는 편정(偏正) 유형으로 나눈다. 등위 유형에는 "병렬, 연속, 선택, 점층" 네 가지 관계 접속사로 나누고 편정 유형에는 "인과, 가설, 조건, 전환, 양보, 목적" 여섯 가지 관계 접속사로 나눈다. 이러한 여러 관계는 관련 단어로 나타내 접속사와 관련 작용을 나타내는 부사가 있다.

1) 등위 관계 접속사

단문과 단문 사이의 관계가 의미적으로 동일한 비중으로 그 지위가 대등하다. 두 단문의 공통된 주어는 대부분 첫 번째 단문에서 나타난다. 등위 관계 접속사는 다음과 같이 몇 가지로 나눌 수 있다.

• 병렬 관계 접속사

단문과 단문 사이는 서로 평등하여 서로 수식하거나 설명하지 않고 각자 몇 가지 사물을 설명할 수도 있고, 한 가지 사물의 여러 가지 면을 서술할 수도 있다. 자주 쓰이는 접속사는 "一边……一边……, 一方面……一方面……, 既……又……, 既……也……" 등이 있다.

〈一边……，一边……〉

두 개의 동작이 동시에 진행됨을 나타낸다. 구체적인 동작이나 행위를 나타내는 동사가 사용되고 추상적 의미를 나타내는 동사는 사용할 수 없다. 문장의 주어는 대개 하나인데 때로는 두 개가 나올 수도 있다.

两人，一边唱，一边走。

두 사람이 노래를 부르며 걸어간다.

我一边吃饭，一边看我的手表。

나는 밥을 먹으며 내 손목시계를 본다.

学习者可以一边操作，一边观察实验对象。

학습자는 조작하면서 실험 대상을 관찰할 수 있다.

"边……边……"도 "一边……，一边……"과 같이 동시에 진행되는 동작에 사용될 수 있는데, "边……边……"은 하나의 주어에만 사용할 수 있고, "一边……，一边……"은 서로 다른 두 개의 주어에도 사용할 수 있다.

我边讲边写。 　나는 말하면서 쓴다.

你一边说，我一边记。 　네가 말하면 나는 기록할게.

＊你边说，我边记。

〈一方面……，一方面……〉

동일한 사물에 두 가지 방면이 동시에 존재하는 것을 나타낸다. 접속사 뒤에는 추상적 의미의 동사가 와서 이를 수식하는데, 구체적 동작을 나타내는 동사는 수식할 수 없다. 두 번째 "一方面" 앞에는 "另"이 붙어 "다른 한 편으로는"의 의미로 사용되기도 한다. 두 가지 동작이 함께 발생하게 되면 "一边……，一边……"과 비슷하지만 "一方面……，一方面……"은 시간적으로 선후의 차이가 있을 수 있지만, "一边……, 一边……"은 동시에 발생하는 동작만을 나타낸다.

一方面是自然关系, 一方面是社会关系。

한 편으로는 자연 관계이고, 한 편으로는 사회 관계이다.

应试教育, 一方面不尊重人, 另一方面不适应社会发展的需要。

응시 교육은 한 편으로 다른 사람을 존중하지 않고, 다른 한 편으로는 사회발전의 수요에 적응하지 않는다.

这样一方面可以加快海洋渔业的开发, 一方面乡镇村就有了经济实体。

이렇게 한 편으로 해양어업 개발을 가속화할 수 있고, 한 편으로는 향진촌에 경제 실체가 생긴다.

<既……, 又……>

하나의 주어가 사용되고 "既……, 又……"는 주어의 뒤 술어의 앞에 사용되어 주어가 동시에 가지고 있는 두 가지 동작이나 상태를 나타낸다. "既"는 "又"로 바꾸어서 사용할 수 있고, 접속사의 뒤에 나오는 말은 그 구조나 음절수가 대부분 동일하다. 때때로 음절수가 다른 단어가 나오기도 한다. 두 가지 동작이나 상태를 나타내므로 "又……又……又……"는 사용할 수 없다.

你的妻子既漂亮, 又贤惠。

당신의 아내는 예쁘기도 하고 어질기도 하다.

那房子又大, 又漂亮。

그 집은 크기도 하고 예쁘기도 하다.

教育, 既同生产力的状况有关, 又同生产关系的性质有关。

교육은 생산력의 상황과 관련이 있기도 하고 생산 관계의 성질과도 관계가 있다.

<既……, 也……>

하나의 주어 뒤에서 동작이나 상태 두 가지가 동시에 존재하는 것을 나타낸다. 일반적으로 두 개의 주어가 쓰이지 않는다.

该理论既有合理的一面, 也有不足的一面。
이 이론은 합리적인 면이 있기도 하고 부족한 면이 있기도 하다.

这既影响了我个人的声誉, 也欺骗了读者。
이것은 제 개인의 명예에 영향을 끼쳤을 뿐만 아니라 독자를 속이기도 하였다.

这种外部性既有有利的, 也有不利的。
이런 외부성은 유리한 점이 있을 뿐만 아니라 불리한 점도 있다.

<也……, 也……>

서로 다른 주어가 사용되며, 두 동작이나 상태가 동시에 존재하는 것을 나타내며, 바로 뒤에 오는 동사를 대부분 수식한다. "也"의 뒤에 연결되는 두 단문은 위치를 바꿀 수도 있다.

姐姐也哭, 我也哭。 언니도 울고, 나도 운다.
哪里也不去, 跟谁也不讲话。 어디에도 가지 않고, 누구와도 말하지 않는다.
儿子也喜欢, 女儿也喜欢。 아들도 좋아하고, 딸도 좋아한다.

• 연속 관계 접속사

몇 개의 동작이나 사건이 순차적으로 연속되는 것을 서술하는 접속사이다. 동작이나 사건이 앞뒤로 발생한다. 자주 사용하는 접속사는 "先……然后……, 一……就……, 先……再……, 先……又……, 于是……" 등이다.

〈先……, 然后……〉

하나의 동작이 발생한 후에 연이어 또 다른 동작이 발생함을 나타낸다. 동작이 앞뒤로 이어서 발생할 때 사용한다. "先"은 주어의 뒤에 위치하며 주어의 앞에 위치할 수 없다.

先吃饭, 然后赶回广州。

먼저 밥을 먹고, 그러한 후에 광주로 급히 돌아간다.

先去找弟弟, 然后再找个地方吃午饭。

먼저 동생을 찾아간 후에 또 장소를 찾아 점심을 먹는다.

先经过几年专业知识的学习, 然后从业并积累经验。

먼저 몇 년간의 전공 지식의 학습을 거쳐 취업하고 경험을 쌓게 된다.

〈一……, 就……〉

"一"와 "就"가 호응하여 사용되어 두 개의 동작이 연이어서 발생하는 것을 나타낸다. 동작이 동시에 발생하는 것에는 사용하지 못하며 "一"와 "就"는 주어의 뒤에 위치한다.

你跟他一说, 他就明白了。　네가 그에게 말하면 그는 이해하였다.

大学一毕业, 我们就结婚了。　대학을 졸업하자마자 우리는 결혼하였다.

这样一来, 我们就得到了下面的定理。　이렇게 하여 우리는 아래의 이치를 얻었다.

만일 "一……, 就……"의 형식에서 중간의 쉼표가 없이 바로 이어지면 다음 예문과 같이 단문 형식이 된다. 이것을 긴축문이라고 하는데 긴축문은 단문의 형식이면서 복문에 상당하는 의미를 나타내는 문장을 말한다.▶

footnote

복문처럼 단문 뒤에는 쉼표도 없고, 단문 사이에 수식 관계도 없는 단문의 형식인데, 그 의미는 복문의 내용에 해당한다.

那你一看就知道它的意思。

그러면 너는 보자마자 그것의 뜻을 알아.

驾驶员一看见警察就放慢速度。

운전사가 경찰을 보자마자 속도를 늦춘다.

〈先……, 再……〉

동작이나 사건이 발생한 순서를 나타내는데, 일반적으로 아직 발생하지 않은 동작이나 사건을 말한다.

先做好人，再做买卖。

먼저 사람이 되고, 장사를 하다.

所以心不要太大太急，先打好基础再说。

그래서 마음이 너무 크고 급하지 말고, 우선 기초를 다 다지고 말하세요.

〈……, 于是……〉

"于是"는 "그래서", "그리하여"의 의미로 뒷 절 앞에 사용된다. 접속사 뒤에 단문의 내용은 앞 단문의 동작에 이어서 혹은 동작으로 말미암아 결과가 발생함을 나타낸다.

这个义律不答应，于是双方又起冲突了。

이 Elliot은 대답하지 않아서 쌍방은 또 충돌하기 시작했다.

原以为你是个东西，于是给你机会。

원래 너는 물건이라고 여겨서 너에게 기회를 주었다.

他的记法用起来并不方便，于是很快有人加以改进。

그의 기억법은 사용하기에 결코 편리하지 않아, 매우 빠르게 어떤 사람은 개선하였다.

187

● 선택 관계 접속사

두 개나 두 개 이상의 단문이 있는데, 각 단문마다 한 가지 상황이 서술되어 있는데, 그 가운데서 한 가지 상황을 선택하는 관계에 사용하는 접속사이다. 접속사의 의미에 따라 어느 것을 선택해도 되는 경우가 있고 한 가지만 선택할 수 있는 경우가 있다. 이러한 선택 관계 접속사에는 "或者……或者……, 是……还是……, 不是……就是……, 与其……不如……, 宁可……也/决不……" 등이 있다.

〈或者……, 或者……〉

이 문장 유형은 두 가지 상황에서 하나를 선택하는 의미를 나타낸다. 평서문에 주로 쓰인다. 앞 단문의 "或者"가 생략되기도 한다.

或者说层面, 或者说阶段。 층면이라고 말하거나 단계라고 말한다.
或者都是正确的, 或者都是不正确的。 모두 정확하거나 정확하지 않다.
我们汉族人听到, 或者读到这些句子。 우리 한족들은 들었거나 이 문장까지 읽었다.

〈是……还是……〉

이 문장 유형도 두 가지 상황에서 하나를 선택하는 의미를 나타낸다. 주로 평서문보다는 의문문에 쓰인다. 평서문에 사용될 때에는 아직 확정되지 않은 견해를 나타내고 가장 적합한 것을 선택하게 하는 의미를 나타낸다.

哲学是多元的还是一元的?
철학은 다방면인가 한 방면인가?
是适量, 还是低于适量, 还是超过适量?
적당량인가 적당량보다 적은가, 또는 적당량을 초과했나?
主人要问你是喝茶还是喝咖啡或矿泉水。
주인은 당신이 차를 마실지 커피 혹은 생수를 마실지를 물어보려고 한다.

〈不是……就是……〉

두 가지 항목 가운데 앞의 항목을 선택하거나 또는 뒤의 항목 하나를 선택한다. 앞의 항목이 아니면 뒤의 항목을 선택한다는 의미를 가진다. 중간에는 동사, 명사구 혹은 동사구가 들어갈 수 있다.

教育的目标不是别的就是自然的目标。

교육의 목표는 다른 것이 아니면 자연적인 목표이다.

天气一直不好，不是刮风就是降雪。

날씨가 줄곧 나쁜데, 바람이 불지 않으면 눈이 내린다.

再说中国年节的过法也太单调了，不是吃就是喝。

다시 말해 중국 설을 쇠는 법도 너무 단조로운데, 먹지 않으면 마신다.

〈不是……，而是……〉

두 가지 항목 가운데 뒤의 항목을 선택하는 관계를 나타낸다. 뒤의 항목 하나만을 선택한다.

它不是任意的，而是有条件的。

그것은 임의적인 것이 아니라 조건이 있는 것이다.

大人纠正他，说这不是猫，而是狗。

어른들은 그를 교정하여, 이것은 고양이가 아니라 개라고 말씀하신다.

书面语不是文字问题，而是语言问题。

글말은 문자문제가 아니라 언어문제이다.

〈与其……，不如……〉

두 사항을 비교하여 앞의 것을 버리고 뒤의 항목을 선택하는 의미를 나타낸다. 앞 단문의 내용은 취하지 않고 버린다.

189

与其学多而不能用，不如学少而能用。

많이 배우고 쓸 수 없기보다는 적게 배우고 쓸 수 있는 것이 낫다.

与其说存在于空间，倒不如说存在于时间。

공간에 존재한다고 말하기보다는 시간에 존재한다고 말하는 것이 낫다.

专家指出，与其说是"男孩危机"，不如说是"应试危机"。　전문가는 "남자

아이 위기"다 라고 말하기보다는 "응시 위기"다 라고 말하는 것이 낫다고 지적한다.

〈宁可……，也不……〉

　두 가지 사항을 비교를 통해서 앞의 항목을 취하고 뒤의 항목을 버린다. 화자

가 반드시 어떤 일을 한다는 결심을 나타낸다. 뒤에 "也不……"를 "宁可……，也

要……"로 하여 사용하면, 뒤의 단문에서는 앞의 단문을 선택한 목적을 나타낸다.

如果被教授叫到，宁可说还没想好，也不要胡乱讲话。　만약 교수님에게

불린다면, 차라리 아직 다 생각하지 못했다고 말할지언정 함부로 말하지 않겠다.

第一天上班的时候，宁可穿得过于正式，也不要穿得过于随便。

첫째 날 출근할 때, 차라리 지나치게 정식으로 입을지언정 지나치게 편하게 입지는 않겠다.

权力宁可备而不用，也不要轻易炫耀自己的权力。

권력은 차라리 비축해 두고 쓰지 않을지언정, 쉽게 자신의 권력을 자랑하지 않겠다.

有"宁愿少活20年，也要拿下大油田"的"铁人精神"。

20년을 덜 살기를 원할지언정, 대형 유전을 건설하고야 말겠다는 "철인정신"이 있다.

● 점층 관계 접속사

　뒤에 있는 단문이 나타내는 내용이 앞 단문이 나타내는 내용보다 점점 더 한

단계 더 나아가는 것을 나타낸다. 의미가 한층 더 나아가는 경우와 점점 후퇴하

는 경우가 있다. 자주 쓰이는 접속사에는 "不但……而且……, 不但……反而……,

连……都……何况……, ……甚至……" 등이 있다.

〈不但……, 而且……〉

뒤에 있는 단문이 앞 단문보다 한층 발전된 의미를 나타내며 의미의 중점은 뒤에 있는 단문에 있다. 앞뒤 단문의 주어가 동일한 경우에 주어는 앞의 접속사 앞에 위치한다. "不但"은 "不仅"으로 바꾸어 쓸 수 있고, "而且" 뒤에서 "还"나 "也"는 주어의 뒤에 쓰인다.

他们不但说话困难, 而且常常出错。

그들은 말하는 것이 어려울 뿐만 아니라 자주 잘못 한다.

这种制度不但复杂, 而且很受限制。

이런 제도는 복잡할 뿐만 아니라 매우 제한을 받는다.

北京不仅是中国的政治中心, 而且是科技和文化中心。

베이징은 중국의 정치 중심일 뿐만 아니라 과학 기술과 문화 중심이다.

〈不但……, 反而……〉

뒤에 있는 단문이 앞 단문보다 한층 발전된 의미나 상반되거나 의외의 결과를 나타낸다. "反而"은 앞 단문과 뒤에 있는 단문을 이어주면서 전환의 역할을 한다. "不但"과 "反而" 사이에는 부정사가 사용되어야만 한다.

他们不但不鼓励我唱歌, 反而压制我。

그들은 내가 노래 부르는 것을 격려하지 않을 뿐만 아니라 오히려 나를 억압한다.

他们不但不会在意, 反而会十分感激。

그들은 마음에 두지 않을 뿐만 아니라, 오히려 매우 감격할 것이다.

中国移民数量不但没有减少, 反而出现了增加的趋势。

중국 이민 수량은 감소하지 않을 뿐만 아니라 증가 추세가 나타났다.

<连······都······, 何况······>

"连······都······"의 뒤에 "何况······"이 사용되어 뒤에 있는 단문이 앞에 있는 단문보다 한층 더 발전된 의미를 나타낸다.

连动物都能和睦相处, 何况人类呢?

동물도 화목하게 함께 지낼 수 있는데, 하물며 인류는 말할 필요가 있겠는가?

连上帝都要工作, 更何况是人呢?

신도 일을 하려는데, 하물며 사람은 말할 필요가 있겠는가?

连属于你都不配, 更何况占有你?

당신에게 속하는 것도 어울리지 않는데, 하물며 당신을 차지한다고 말할 필요가 있겠는가?

<······, 甚至······>

한층 더 나아가는 의미를 이끌어 들이어 이 의미를 더욱 부각시킨다. 열거된 항목 가운데 마지막 항목의 앞에 위치한다.

教学信息的流向是双向的, 甚至是多向的。

교학정보가 가는 방향은 쌍방향으로 심지어 다방면이다.

语言决定人们的思维, 甚至决定人们对世界的看法。

언어는 사람의 사유를 결정하는데, 심지어 사람들이 세계에 대한 견해를 결정한다.

大部分语言还研究得很不够, 甚至还没有人去研究。

대부분의 언어는 아직 연구가 매우 부족한데, 심지어 아직 연구하러 가는 사람이 없다.

2) 편정 관계 접속사

문장 내에서 두 단문 사이의 의미 비중이 한쪽으로 치우치는 유형의 접속사이다. 두 단문 가운데 특히 뒤에 있는 단문에 의미의 중점을 두어 앞에 있는 단문이 뒤에 있는 단문을 수식한다.

두 단문의 공유된 주어는 앞뒤 어느 단문에 놓아도 가능하고, 각 단문의 주어가 다르면 일반적으로 모두 나타낸다. 단문 사이의 의미 관계에 따라 편정 관계 접속사는 다음과 같이 나눈다.

● 인과 관계 접속사

원인과 결과 관계를 나타내는 접속사로 자주 쓰이는데, 앞의 단문은 원인을 나타내고 뒤에 나오는 단문은 결과를 나타낸다. 자주 쓰이는 접속사는 "因为……所以……, 之所以……是因为……, 既然……就……, ……可见……" 등이 있다.

<因为……, 所以……>

원인과 결과의 관계를 나타내는 대표적인 접속사이다. 뒤에 나오는 단문에 "所以"가 사용되지 않고 생략될 수도 있다. "由于"는 접속사 "因为"처럼 원인을 나타내며 일반적으로 뒷 절에 쓰이지 않고 앞 절의 문장 앞에 사용한다.

因为天气不好, 所以在家愈觉沉闷。

날씨가 나쁘기 때문에 집에서 더욱 음울함을 느낀다.

因为身体不好, 从那次以后、我再也没有出过远门。

건강이 나쁘기 때문에 그 후로 나는 다시는 멀리 나간 적이 없다.

由于上述的原因, 所以说教育对人特别是年轻一代的发展起着主导作用。

상술한 이유로 교육은 사람에게 특별히 젊은 세대의 발전에 주도적 역할을 하고 있다고 말한다.

<之所以……, 是因为……>

이 형식은 "因为"와 "所以"의 위치를 서로 바꾸어 결과가 앞에 나오고 원인이 뒤에 나오는 인과 관계를 나타낸다.

"所以"는 앞 단문의 주어 뒤에서 쓰이고 "因为"는 "是"의 뒤에 사용된다.

物质资源之所以成为资本，是因为雇佣劳动的生产关系。

물질 자원은 자본이 되었는데, 고용 노동의 생산 관계 때문이다.

刑法之所以禁止某种行为，是因为该行为具有严重的社会危害性。

형법은 어떤 행위를 금지하는데, 이 행위가 심각한 사회 위해성을 가지고 있기 때문이다.

一门科学之所以为人们所承认，是因为它在人们面前是可以被证明
是正确的。

하나의 과학이 사람들에 의해 승인되었는데, 그것은 사람들의 앞에서 정확하다고 증명될
수 있기 때문이다.

〈既然……, 就……〉

이미 발생하여 알 수 있는 상황이나 사실을 토대로 하여 어떤 결론을 내릴 수 있는 것을 나타낸다. 두 단문의 주어가 대부분 서로 같은데, 이때 주어는 "既然"의 앞과 뒤에 모두 쓸 수 있다.

文化既然可以传递，也就可以传播。

문화는 전해질 수 있는 이상 전파될 수도 있다.

既然人家不想用我了，我也强求不得。

사람들이 나를 고용하고 싶지 않은 이상 나도 억지로 요구할 수 없다.

我既然搞不懂，就不必在这件事上浪费时间了。

내가 잘 모르는 이상 이 일에서 시간을 낭비할 필요가 없다.

〈……, 可见……〉

앞에 있는 단문의 내용을 보고 뒤에 나오는 단문의 내용을 판단하거나 결론을 내린다. "可见"은 뒤에 나오는 단문의 맨 앞에 사용한다.

你能够被选中，可见你的不一般。

당신이 능히 당선될 수 있으면 당신이 보통이 아니라는 것을 알 수 있다.

在美国的一次演出中，有70万观众参加，可见其受欢迎程度。

미국의 한 차례 공연 가운데 70만 관중이 참가하였는데, 그 인기 있는 정도를 알 수 있다.

前后一共花了十年工夫，可见他研究学问的精神是很认真严肃的。

전후 모두 10년을 들였는데, 그가 학문을 연구하는 정신은 매우 진지하고 엄숙한 것을 알 수 있다.

• 조건 관계 접속사

앞의 단문은 조건을 나타내고 뒤에 나오는 단문은 조건에 따른 결과를 나타낸다. 자주 사용되는 접속사는 "只有……才……, 只要……就……, 无论……都……" 등이 있다.

<只有……，才……>

유일한 조건하에 뒤에 단문의 결과가 도출될 수 있음을 나타낸다. 주로 조건을 강조하는데, 다른 조건일 수 없는 유일한 조건을 나타낸다.

只有先占有文化，才能创造文化。

먼저 문화를 점유해야만 문화를 창조할 수 있다.

人们只有通过这些活动，才能得到发展。

사람들은 이 활동을 통과해야만 발전할 수 있다.

只有努力，才能获得父母的认可和夸奖。

노력하기만 하면 부모님의 승낙과 칭찬을 받을 수 있다.

<只要……，就……>

반드시 필요한 조건이 갖추어지면 어떠한 결과가 생기는 것을 나타내는데, 주로 조건보다는 결과를 강조한다.

只要参加学习，就一定有收获。

학습에 참여하기만 하면 반드시 소득이 있다.

只要有知识，就有关于知识的讨论。

지식이 있기만 하면 지식에 관한 토론이 있다.

只要课时完成了，内容讲到了，就算达到目的。

수업할 때 완성하고, 내용을 강의하였다면, 목적을 달성한 셈이다.

〈无论……，都……〉

어떠한 가정 아래에서도 결과는 변하지 않거나 항상 일정함을 나타낸다. 앞에 단문에는 의문대명사나 "还是" 등이 자주 사용되어 가정을 나타낸다. "无论"이 외에 "不管"이 사용되기도 한다.

无论老师对你们怎么样，都是在帮助你们。

선생님이 너희들에게 어떠하든지 간에, 너희들을 돕고 계신 것이다.

无论是自然史，还是人类史，都是一去不复返的。

자연사이든 인류사이든지 간에 모두 한 번 가면 다시 돌아오지 않는 것이다.

不管住在城里或乡下，都能在国语学校受教育。

도시에 살던지 농촌에 살던지 간에 모두 국어 학교에서 교육을 받을 수 있다.

• 가정 관계 접속사

앞 단문은 가정된 상황을 말하고, 뒤에 오는 단문은 가정 상황 아래에서 발생하게 되는 결과를 나타낸다. 자주 사용하는 접속사는 "如果……就……, 要是……就……, 假如……那么……"이다.

〈如果……，就……〉

앞 단문에서는 가정 상황을 제시하고 뒤의 단문에서는 결과를 유추해낸다. 如

果는 주어의 앞이나 뒤에 모두 위치할 수 있다. "如果"와 동일한 의미인 "要是, 假如, 倘若" 등을 사용할 수도 있다.

> 教育如果离开了文化，就没有传授的内容。
>
> 교육이 만약 문화를 떠났다면 가르치는 내용이 없다.
>
> 如果出生以后不与人类社会接触，就不可能学会说话。
>
> 만약 출생 이후에 인류사회와 접촉하지 않으면, 아마 말하는 것을 배워서 할 수 있을 리가 없다.
>
> 你要是告诉他这是药，他就永远不吃。
>
> 네가 그에게 이것은 약이라고 알려준다면 그는 영원히 먹지 않는다.

〈倘若……，就……〉

> 倘若没有这个道理，做事就不能成功。
>
> 만약 이 이치가 없으면 일하는 것은 성공할 수 없다.
>
> 倘若人可以区分的话，我觉得我应该还算是个好人。
>
> 만약 사람이 구별을 할 수 없다면, 나는 내가 마땅히 좋은 사람이라고 여겨진다고 생각한다.

● 전환 관계 접속사

앞에 있는 단문은 하나의 사실을 서술하고 뒤에 있는 단문은 정상적인 상황과 반대되거나 상대되는 사실을 말한다. 앞뒤 단문에서 말하는 사실은 일치하지 않으며 이미 발생한 일에 사용한다. 자주 사용되는 접속사는 "虽然……但是……, ……可是……, ……却……, ……然而……, ……只是……, ……不过……" 등이 있다.

〈虽然……，但是……〉

앞뒤에 있는 단문의 사실이 서로 일치하지 않고 의미적으로 전환이 되며 이미 발생한 일에 많이 쓰인다. "虽然"은 "尽管"과 바꾸어 쓸 수 있고, "但是"는 "但", "可是", "不过" 등으로 바꾸어 쓸 수 있다.

虽然二者交互影响, 但是其功能是独立的。

비록 양자는 서로 영향을 미치지만 그 기능은 독립적이다.

他的河虽然大, 可是比起海来, 实在太小了。

그의 강은 비록 크나 바다와 비교해 실제로 너무 작다.

尽管后来情况有所改观, 但都未能出现明显的变化。

비록 나중에 상황이 어느 정도 개선되었으나 모두 뚜렷한 변화가 나타날 수 없었다.

〈……, 但是……〉

앞 단문과 뒷 단문 사이에 위치하여 전환의 의미를 나타내는 역접 관계 접속 사이다. "但是" 이외에도 "不过", "可是", "只是", "然而" 등이 있는데, "可是"는 "但是"보다 좀 더 회화체 문장에 많이 사용되며 기본적으로 용법은 같다.

때때로 "却"와 함께 사용되어 전환의 말투를 좀 더 강하게 한다. "不过"는 다른 접속사보다 더 가벼운 전환의 의미를 나타낸다.

一个社会可以没有文字, 但是不能没有语言。

한 사회는 문자가 없을 수 있으나 언어가 없을 수는 없다.

知识是重要的, 可是也不能光靠知识生活。

지식은 중요하지만 또한 지식에만 의존해서 생활할 수 없다.

谢谢您的关心, 然而我的志向不会改变。

당신의 관심에 감사하나 저의 포부는 변하지 않을 것입니다.

他本来是普通教师, 不过是许多教师中的一个教师。

그는 본래 일반 선생님으로 다만 많은 선생님 가운데 한 명의 선생님이다.

• 양보 관계 접속사

앞의 단문은 어떤 가정적이거나 일반적인 사실을 인정하면서 양보의 의미로 사용되고, 뒤에 있는 단문은 상반된 입장에서 의견을 제시한다. 자주 사용되는 접속사로는 "即使……也……, 固然……也……" 등이 있다.

〈即使……, 也……〉

앞뒤 단문은 서로 "양보"의 의미 관계로 일반적으로 가정하는 상황을 나타낸다. 상황이 이미 발생하여 하나의 사실이 된 문장에서는 사용할 수 없다. "即使"는 "就是"나 "哪怕" 등과 바꾸어 쓸 수 있고, "哪怕"는 회화체의 문장에 많이 사용한다.

即使是日本大学毕业的, 找工作也并不简单。

일본대학을 졸업했을 지라도 일을 찾는 것은 결코 쉽지 않다.

就是明天上路, 也心满意足了。 내일 출발할지라도 매우 만족한다.

哪怕你再有钱, 去医院也同样可能是这种情况。

설령 네가 아무리 돈이 있을지라도 병원 가는 것은 똑같이 아마 이런 상황일 것이다.

〈固然……, 也……〉

앞뒤 단문은 서로 "양보"의 의미 관계를 나타내는데, 일반적으로 가정한 상황이 아닌 이미 발생한 상황에 사용한다. "固然"은 "尽管"과 바꾸어 쓸 수 있다.

问题固然很多, 但可以慢慢解决。

문제가 물론 매우 많지만 천천히 해결할 수 있다.

兄弟两人固然有相同的父母了, 但是各人有各人的妻子儿女。

형제 둘은 물론 서로 같은 부모가 계시지만 각각 각자의 아내와 아이들이 있다.

尽管经济增长了, 但该国却变得更穷了。

비록 경제가 성장하였지만 이 나라는 오히려 더욱 가난해졌다.

1. 다음 문장에서 틀린 곳을 고치시오.

(1) 不但不上前，开始退缩。

(2) 有人虽然穷点，心地好。

(3) 他不但能做好自己的工作，还能把技术传授给学徒。

(4) 我们这里的农民不但穷，但是懒得要命。

(5) 只要人家长你一岁，才总有比你成熟的地方。

(6) 中国的女足运动只有与时俱进，就有希望。

(7) 要是很厚，就咱们听不到风声了。

(8) 外面刮风还是下雨，他会帮我抵挡。

(9) 早前他也不是不来，就是来不了了。

(10) 每次在我的课上面，不是旷课而是迟到。

(11) 虽然不动产价格下降，只是租金并没有降低。

(12) 我与其一辈子不结婚，不如和这种浅薄的人谈。

(13) 我这条船一边快一边便宜。

(14) 平日的上门服务也周到也细致。

(15) 即使有多大的困难，你们也能克服。

(16) 无论天气不好，我们都没去颐和园。

(17) 不论我有多大能耐，最后难免败亡。

제13장

감탄사

1. 개념

감탄사는 강렬한 **감정**을 나타내거나 **부름**, **대답**을 나타내는 단어이다.

2. 분류

강렬한 감정 표시: 啊, 咳, 哼, 呸, 咦, 唉, 哎呀, 哈哈

대답, 부름 표시: 嗯, 喂, 嗳

3. 구조 특징

독립성이 매우 강하여 단독으로 대부분 다른 문장의 앞에서 쓰인다.

다른 품사처럼 문장 성분으로 사용되지 않는다. 이 때문에 다른 문장 성분과 그 어떤 문법 관계도 없다.

4. 상용 감탄사의 용법

喂: "야", "여보세요"의 의미로 타인을 부르거나 전화를 걸거나 받았을 때, 말소리로 사용하는 감탄사이다.

喂? 你现在听得见吗? 야? 너 지금 들을 수 있어?

喂, 张老师在吗? 여보세요, 장 선생님 계세요?

哦: "어", "어머", "아니"의 의미로 놀람이나 감탄, 반신반의함을 나타낸다.

哦, 这件事也不一定是对吧。 아니, 이 일도 확실히 맞지는 않지.

哼: "흥"의 의미로 원망하거나 질책 혹은 불만을 나타낸다.

"我怕你? 哼, 你怕我!" "내가 너를 무서워한다고? 흥, 네가 나를 무서워하는 거지!"

啊: "啊"는 성조별로 나타내는 의미가 다양하다.
각각의 용례를 통해 살펴보자.

·1성일 때 "아"의 의미로 놀람이나 감탄을 표시하는 경우에 내는 소리이다.

您看, 啊, 这多惨! 당신 보세요, 아, 이 얼마나 비참한가요!

·2성일 때 "어"의 의미로 놀라거나 의외라고 여기는 경우에 내는 소리이다.

啊, 什么? 어, 뭐라고?

·"응?", "야?"의 의미로 상대방에게 재촉하는 경우에 내는 소리이다.

啊, 你明天到底去不去呀? 야? 너 내일 도대체 가는 거야?

·3성일 때 "허어", "저런"의 의미로 의아해함을 나타내는 경우에 내는 소리이다.

啊, 这是怎么回事? 허어, 이게 어찌된 일인가?

·4성일 때 "아"의 의미로 명백하게 알게 되어 깨닫게 됨을 나타내는 경우에 내는 소리이다.

啊, 他原来是这么发的。 아, 그는 원래 이렇게 보냈구나.

哎呀: "야"의 의미로 찬탄, 의아함, 놀람을 표시한다.

哎呀! 终于能睡觉了，累死我了。　야! 마침내 잘 수 있겠어, 나는 몹시 피곤해.

嗯: "응"의 의미로 동의를 나타낸다.

嗯，明白了。　응, 이해했어.

哈哈: "하하"의 의미로 기쁨이나 즐거움을 표시한다.

哈哈，就会这样，对。　하하, 이러는 것이, 맞다.

呸: "체, 퉤, 피"의 의미로 질책이나 경멸을 나타낸다.

呸，中国有什么潜水艇，什么飞机啊? 　체, 중국이 무슨 잠수정, 비행기가 있어?

咳: "허, 아아"의 의미를 지니며 애석함이나 동정을 나타낸다.

咳，我们那工作累着呢。　허, 우리 그 일이 피곤하다.

唉: "아이, 아이 참, 에이"의 의미를 지니며 감상이나 애석의 기분을 나타낸다.

唉，今天真的运气不好。　아이, 오늘 정말 운이 나쁘다.

咦: "아이", "아이구"의 의미를 지니며 놀람을 표시한다.

咦，难道你家的水龙头坏了? 　아이, 설마 너희 집의 수도꼭지가 고장이 났어?

嗳: "에이", "아니"의 의미를 지니며 동의하지 않거나 부정함을 나타낸다.

嗳! 这太为难我了。　에이, 이것은 너무 나를 난처하게 하네.

제14장

의성사

1. 개념

의성사는 사물, 인체 혹은 자연에서 나는 **소리**를 모방하는데 쓰이는 단어를 말한다. 다른 말로 상성사라고 한다.

2. 분류

의성사는 사물이 내는 소리, 사람이 내는 소리, 자연계에서 나는 소리로 크게 나눌 수 있다.

3. 문법 특징

의성사는 문장에서 부사어로 사용되어 술어를 수식한다.

의성사는 관형어로 쓰여 뒤에 나오는 명사를 수식한다.

의성사는 소리를 나타낼 뿐이고, 실제적 의미를 가지고 있지 않다.

4. 상용 의성사의 용법

咚: "쿵, 둥둥"의 북 소리나 물건이 땅에 떨어지는 소리를 나타낸다.

小男孩 "咚" 地坐在地上。　사내아이가 "쿵"하며 바닥에 앉았다.

嗚嗚: "엉엉" 소리를 내서 우는 사람 소리를 나타낸다.

陈玉英咯咯咯地笑了，又嗚嗚地哭起来。

진옥영이 "깔깔깔" 웃다가 또 "엉엉" 울기 시작하였다.

扑通: "쿵, 꽈당, 풍덩" 땅이나 물에 무거운 물건이 떨어지는 소리를 나타낸다.

"扑通"一声，跳进水里。 "풍덩"하며 물속으로 뛰어 들었다.

咚咚: "둥둥" 북치는 소리나 혹은 "똑똑" 노크 소리를 나타낸다.

突然，门"咚咚"地被敲响。 갑자기 문에서 "똑똑" 두드리는 소리가 났다.

哗哗: "괄괄, 솔솔, 주르륵" 시냇물이나 비가 흐르는 소리를 나타낸다.

外面的雨哗哗地下着。 밖의 비는 "주르륵" 내리고 있다.

呼呼: "쿨쿨, 드르렁, 휙휙, 윙윙" 코 고는 소리나 바람 소리를 나타낸다.

一个是坐着不睡，一个是躺在那里呼呼大睡。

한 명은 앉아서 자지 않고, 한 명은 거기에 누워서 쿨쿨거리며 잔다.

潺潺: "졸졸" 시냇물이나 샘물 따위가 흐르는 소리를 나타낸다.

门前小河潺潺，屋里有电灯。

문 앞에 작은 개울에는 "졸졸" 개울물이 흐르고, 방 안에는 전등이 있다.

喵喵: "야옹" 고양이가 우는 소리를 나타낸다.

这时那只黑猫就"喵喵"地叫着跑过来了。

이때 그 검은 고양이는 "야옹"하며 울면서 뛰어 왔다.

哞哞: "음매" 소가 우는 소리를 나타낸다.

远处传来小牛犊 "哞哞" 的叫声。

먼 곳에서 송아지가 "음매" 우는 소리가 들려왔다.

咕咕: "꾹꾹, 꾸르륵" 새가 우는 소리 또는 창자에서 나는 소리를 나타낸다.

天要下雨或刚晴的时候，常在树上咕咕地叫。

비가 오려고 하거나 막 맑았을 때, 자주 나무에서 새가 "꾹꾹"거리며 운다.

嘀嗒嘀嗒: "째깍째깍" 시계가 돌아가는 소리를 나타낸다.

秒表在嘀嗒嘀嗒地响着。　초침이 "째깍째깍"거리며 울리고 있다.

轰隆轰隆: "쾅, 쿵쿵, 우르르, 덜커덕덜커덕, 우르릉 쾅쾅" 천둥, 폭음, 수레, 기계 따위의 소리를 나타낸다.

开车了，机器轰隆轰隆地在转动。

시동을 걸으니, 기기가 "덜커덕덜커덕"하며 돌았다.

咕嘟咕嘟: "펄펄, 퐁퐁, 벌컥벌컥" 물 따위가 끓거나 물줄기가 솟아나오거나 물을 급히 마시는 소리를 나타낸다.

脖子一仰 "咕嘟咕嘟" 地喝了起来。　목을 들고 "벌컥벌컥" 마시기 시작했다.

제15장

주어

1. 정의

술어의 **진술 대상**으로 술어가 말하는 사람이 누구인지 혹은 사물이 무엇인지를 가리키는 문장 성분이다.

2. 유형

주어로 사용될 수 있는 단어나 구는 명사, 명사구, 대명사, 수사, 양사, 수량구, 동사, 동사구, 형용사, 형용사구, 주술구 등이다.

명사나 명사구 혹은 대명사가 주어로 사용될 때는 다음과 같다.

星期天是我的生日。

일요일은 나의 생일이다.

现在我们都是好朋友了。

현재 우리는 모두 좋은 친구이다.

我家旁边有一个专门卖玩具的商店。

우리 집 옆에 전문으로 장난감을 파는 가게가 하나 있다.

수사나 양사 혹은 수량사구가 주어로 사용될 때는 다음과 같다.

八十是四乘二十。

4 곱하기 20은 80이다.

件件有回音, 事事有着落。

건건이 대답이 있고, 일마다 결과가 있다.

另外一本书是《现代汉语词典》。

그 밖에 한 권의 책은 《현대한어사전》이다.

동사나 동사구 혹은 형용사나 형용사구가 주어로 사용될 때는 다음과 같다.

跑步是保持年轻的最好方式。

달리기는 젊음을 유지하는 가장 좋은 방식이다.

研究中国文化, 学习汉语是必不可缺的。

중국문화를 연구하는 것은 중국어를 배우는데 있어서 필수불가결한 것이다.

最漂亮是春天。

가장 아름다운 것은 봄이다.

주술구가 주어로 사용될 때는 다음과 같다.

身体健康是每个人的心愿。

몸이 건강한 것은 개개인의 바람이다.

头疼是动怒的前兆。

머리가 아픈 것은 화를 낼 조짐이다.

첫째, 주어는 자주 생략된다. 둘째, 주어는 반드시 동작의 주체만 되는 것이 아니고 동작이나 행위를 받는 대상이 주어가 될 수도 있고, 장소나 시간, 도구 등이 주어가 될 수도 있다.

중국어는 의미적으로 표현이 분명하기만 하다면 주어를 생략할 수 있어 주어가 생략된 문장이 굉장히 많다. 구조적으로 주어의 자리에 주어가 없다. 실례를 들면 다음과 같다.

> 上课了。 수업을 시작하였다.
>
> 不许抽烟。 담배를 피우면 안 된다.
>
> 早挨打，早松心。 매도 먼저 맞는 놈이 낫다.

중국어의 주어는 동작의 대상이 사용되기도 하고 장소나 시간을 나타내는 단어가 사용될 수도 있다.

> 窗户打开，新鲜空气进来了。 창문을 여니, 신선한 공기가 들어왔다.
>
> 门前有一个小水池。 문 앞에 작은 연못이 하나 있다.
>
> 今天早上有重大新闻。 오늘 아침에 중대한 뉴스가 있었다.

제16장

술어

1. 정의

주어에 대하여 **진술**하고 주어가 어떠한지 혹은 무엇인지를 **설명**하는 문장 성분이다.

2. 유형

술어로 사용될 수 있는 단어나 구는 "동사, 형용사, 명사, 수사, 주술구" 등이며 가장 일반적인 경우는 동사가 사용되는 것이다.

> **footnote**
>
> 문장 성분 가운데 목적어, 보어, 부사어 등을 제외한 용언 성분을 술어라고 한다. 주어 부분을 진술하는 술어와 목적어 부분은 술부라고 한다.

동사가 술어로 사용된다.

人心便这样地渐渐失去了。　사람의 마음은 곧 이렇게 점점 사라져갔다.

早上，裘先生和妻子打扫了房间。　아침에 구 선생님과 아내가 방을 청소하였다.

형용사가 술어로 사용된다.

今天天气很热。

오늘 날씨가 매우 덥다.

红薯很好吃，我也爱吃。

고구마가 매우 맛있는데, 나도 먹는 것을 좋아해.

명사나 명사구 혹은 대명사나 대명사구가 술어가 될 수 있다.

明天星期天。

내일은 일요일이다.

儿子，你怎么了?

아들, 너 왜 그래?

它们之间的关系怎么样?

그것들 사이의 관계는 어떠냐?

수량사구가 문장의 술어로 사용될 수 있다.

小李今年二十八岁。　이 군은 올해 28세이다.

冰糖一斤五两。　얼음사탕은 한 근 반이다.

주술구가 문장의 술어로 사용될 수 있다.

夫妻双方工作忙。　부부 둘이 일이 바쁘다.

她学习努力，成绩优秀。　그녀는 공부는 노력하고, 성적은 우수하다.

첫째, 술어는 문장의 직접적인 성분으로 꼭 필요한 성분이다. 둘째, 동사 술어는 주어의 인칭, 수, 성과 문장 시제의 변화에 따라 변화하지 않는다. 예를 들면 다음과 같다.

> 我是韩国人。　나는 한국 사람이다.
> 你是韩国人。　너는 한국 사람이다.
> 我们是韩国人。　우리는 한국 사람이다.
> 他们是韩国人。　그들은 한국 사람이다.

동사 "是"는 주어가 1인칭, 2인칭, 3인칭이거나 또는 단수나 복수일 때도 아무런 변화가 없이 그대로 사용된다. 시제의 변화에 있어서 동사 "看"을 예로 들면, 동사 "看"은 현재일 때도 그대로 사용되고, 과거이어도 "看了"가 되거나 과거 완료일 경우에는 "看完了"가 되어 보어나 시태조사가 첨가되고 동사 "看"자체는 변화하지 않는다.

셋째, 술어는 동사와 형용사가 주로 사용되는데, 명사도 상술한 2. 술어의 유형처럼 술어로 사용될 수 있다.

제17장

목적어

1. 정의

동작이 지배하는 **대상**이나 동작과 관련이 된 대상으로, 동사의 뒤에 나와 누구인가 혹은 무엇인가에 대하여 대답한다.

2. 유형

목적어로 사용될 수 있는 단어나 구는 "명사, 명사구, 인칭대명사, 의문대명사, 수량사구, 동사, 형용사, 개사구" 등이다.

목적어로 명사나 명사구 혹은 대명사가 사용될 수 있다.

他出色完成了自己的任务。

그는 훌륭하게 자신의 임무를 완성하였다.

这个孩子, 大家都喜欢他。

이 아이, 사람들 모두 그를 좋아한다.

通过解决该问题学到了什么?

이 문제를 해결하며 무엇을 배웠나?

목적어로 수나 수량사구가 사용될 수 있다.

那儿不是5632-7389吗?

거기가 5632-7389 아닌가요?

北海机场与钦州相距100公里左右。

베이하이 공항은 친저우와 서로 100km쯤 떨어져 있다.

목적어로 동사나 형용사가 사용될 수 있다.

他喜爱松树，喜欢散步。

그는 소나무를 좋아하고 산보하는 것을 좋아한다.

你会感到很舒服，很踏实。

너는 매우 편안하고 안정됨을 느낄 것이다.

목적어로 개사구나 접속사 절이 사용될 수 있다.

节约用电是为了节省能源，减少污染。

전기 사용을 절약하는 것은 에너지를 절약하고, 오염을 감소하기 위해서이다.

成功是由于勤勉而来的。

성공은 근면에 의한 것이다.*

这是因为人们对语言有了新的认识。

이것은 사람들이 언어에 대하여 새로운 인식이 생겼기 때문이다.

*
네이버 중국어 사전 참고.

3. 구조 특징

첫째, 목적어는 수동형 목적어뿐만 아니라 능동형 목적어도 된다. 즉, 동작의 주체도 목적어로 사용될 수 있다. 일반적으로 존현문에서 동작의 주체가 목적어로 사용된다.

一天上午我家来了一位姑娘。

어느 날 오전에 우리 집에 아가씨 한 명이 왔다.

一张小桌子两边坐着两个孩子。

하나의 작은 탁자 양쪽에 두 명의 아이가 앉아 있다.

둘째, 동사나 형용사도 상술한 2. 목적어의 유형처럼 목적어로 사용될 수 있다.

제18장

관형어

1. 정의

관형어(定语)는 **중심어**를 **수식**하는 성분으로 "관형어+중심어" 또는 "관형어
+的+중심어"의 형식으로 사용된다. 중심어는 명사와 명사구가 사용되는데, 주
어와 목적어로 사용된다.

在我眼里，她是一个很可爱的女人。

내 눈에 그녀는 매우 귀여운 한 명의 여자이다.

我身边有七块钱，买了一双鞋。

나는 몸에 7원이 있어, 신발 한 켤레를 샀다.

到底怎样的社会秩序是合理的?

도대체 어떠한 사회 질서가 합리적인가?

2. 분류

관형어는 의미에 따라서 제한성 관형어와 묘사성 관형어로 나뉜다.

제한성 관형어는 수량, 시간, 장소, 범위 등의 방면에서 중심어를 설명하는 성
분이다. 실례를 들면 다음과 같다.

前天赶集给儿子买了一条裤子。

그저께 장에 가서 아들에게 바지 하나를 사주었다.

两个月的整容治疗很快结束了。

두 달의 성형치료는 매우 빠르게 끝났다.

北京的画展很多，这给我提供了不少机会。

베이징의 그림 전시회는 매우 많은데, 이것은 나에게 적지 않은 기회를 제공하였다.

任何人的一生都不可能一帆风顺，事事如意。

어느 누구의 일생도 아마 일이 순조롭게 진행되거나 모든 일이 뜻대로 되지는 않을 것이다.

묘사성 관형어는 성질, 상태, 재료, 직업 등의 방면에서 사람이나 사물을 묘사하는 성분이다. 주로 명사나 형용사가 사용된다.

北京市平均每人每天扔掉一个塑料袋。

베이징시는 평균 사람마다 매일 하나의 비닐봉투를 버린다.

张岚是个聪明、漂亮的女孩。

장란은 똑똑하고 예쁜 여자 아이이다.

这名高大的男子脱下了毛皮大衣。

이 키가 크고 건장한 남자는 가죽 외투를 벗었다.

我背着女儿找到了她的英语老师。

나는 딸을 업고 그녀의 영어 선생님을 찾았다.

3. 관형어와 구조조사 "的"

관형어가 중심어를 수식할 때에는 양자 사이에 구조조사 "的"를 사용하기도 하고 때로는 사용하지 않기도 한다. 아래에서 구조조사 "的"를 사용하는 것과 사용하지 않는 것으로 나누어 그 규칙을 살펴보자.

1) "的"를 사용하는 경우

명사 관형어가 중심어의 소속을 나타낼 때 관형어와 중심어의 사이에 구조조사 "的"를 쓴다.

美国民意测验公司的分类。　미국은 회사의 분류에 대하여 여론조사를 하였다.

不同国家的教育目的是各不相同的。　서로 다른 국가의 교육목적은 각각 서로 다르다.

인칭대명사 관형어가 중심어의 소속을 나타낼 때에도 일반적으로 구조조사 "的"를 쓴다.

她习惯了他的脾气。

그녀는 그의 성격에 습관이 되었다.

在莫言的作品中，历史显然是优于现实的。

모옌의 작품 가운데 역사는 분명히 현실보다 우수하다.

수량을 나타내는 관형어가 중심어를 묘사하면 관형어와 중심어 사이에 "的"를 쓴다.

头一回流了一脸的泪水。　처음으로 얼굴 가득 눈물을 흘렸다.

资本主义是百分之百的私有制。　자본주의는 백퍼센트 사유제이다.

의문대명사 "谁"와 묘사를 나타내는 대명사 "怎么样", "这样", "那样", "怎样", "什么样"이 관형어로 쓰이면 "的"를 붙여야만 한다.

我们到底该用谁的方式生活？　우리는 도대체 누구의 방식으로 생활해야만 하는가?

你是一个怎么样的父亲呢？　당신은 어떠한 한 분의 아버지이신가요?

你不要给读者这样的印象。　당신은 독자에게 이러한 인상을 주지 마세요.

쌍음절 형용사가 관형어로 사용되면 중심어 앞에 구조조사 "的"를 쓴다. 단, 쌍음절 형용사와 명사의 결합이 고정적으로 사용되는 경우 "的"를 쓰지 않는다.▶

▶ **footnote**

명사와 습관적으로 어울려서 사용되는 형용사는 그 사이에 "的"를 넣지 않는다. 이러한 용법에는 老实人, 糊涂事, 新地址, 旧家具, 优良品种, 光荣历史, 先进集体, 先进技术, 先进国家 등이 있다.

杭州是一个<u>美丽</u>的城市。　항저우는 하나의 예쁜 도시이다.

我确实是一个<u>幸福</u>的母亲。　나는 확실히 한 사람의 행복한 어머니이다.

她不是那种<u>糊涂</u>人。　그녀는 그런 멍청한 사람이 아니다.

동사가 관형어로 쓰이면 일반적으로 "的"를 쓴다.

你<u>说</u>的话，我一句也不赞成。

네가 이야기한 말을 난 한 마디도 찬성하지 않는다.

本书是为大学生和研究生<u>写</u>的教材。

이 책은 대학생과 대학원생을 위하여 쓴 교재이다.

동사구, 형용사구, 개사구 등 각종 구가 관형어로서 중심어를 수식할 때에는 그 사이에 모두 "的"를 써야 한다.

为什么<u>刚买</u>的电脑就出现故障呢?　왜 방금 산 컴퓨터가 고장이 났을까?

双边关系有了<u>很快</u>的发展。　양쪽의 관계에 매우 빠른 발전이 있었다.

我现在在读<u>很多关于中国</u>的书。　나는 현재 매우 많은 중국에 관한 책을 읽고 있다.

2) "的"를 사용하지 않는 경우

• 수량사 관형어

수량사가 중심어를 한정할 때에는 "的"를 쓰지 않는다.

眼前, 除了一张床, 便全部是书。

현재, 침대 하나를 제외하고 전부 책이다.

从此, 他的车上多了一把伞。

이로부터 그의 차에 우산 하나가 많아졌다.

• 명사 관형어

재료, 직업, 고유명사, 비유를 나타내는 명사가 중심어를 묘사할 때는 "的"를
쓰지 않는다.

它前面扣着七八个玻璃杯子。

그것 앞에 일고여덟 유리잔이 엎어져 있다.

他已是一个小有名气的电影演员。

그는 이미 조금 유명한 한 명의 영화배우이다.

今天在北京首都机场作短暂停留。

오늘 베이징 수도 공항에 잠시 머문다.

• 대명사 관형어

지시대명사, "지시대명사+양사", 의문대명사 등의 대명사 관형어는 일반적으
로 관형어와 중심어 사이에 "的"를 쓰지 않는다.

那人一看就喝了酒了。　저 사람은 보자마자 술을 마셨다.

这个小孩子成了一个年轻人。　이 꼬마는 한 젊은이가 되었다.

你是哪里人？是来干什么的？　당신은 어디 사람이에요? 무엇을 하러 오셨어요?

- 형용사 관형어

단음절 형용사는 구조조사 "的"를 쓰지 않는다.

孩子卧在长椅子里喝果汁。

아이가 긴 의자에 누워서 주스를 마시고 있다.

这边也有两三位高鼻子蓝眼睛的当地人。

여기에도 두세 분의 높은 코와 파란 눈을 가진 현지인이 있습니다.

- 중심어가 단체, 사람의 관계, 방위명사, 기관 등을 나타낼 때는 관형어와 중심어의 사이에 "的"를 쓰지 않는다.

我们班有40个学生。

우리반에는 40명의 학생이 있다.

我姐姐是中学教数学的。

우리 언니는 중등학교에서 수학을 가르칩니다.

他们住在学校旁边。

그들은 학교 옆에 산다.

他们厂里没有一个人懂得冰箱原理。

그들 공장에는 냉장고 원리를 아는 사람이 한 명도 없다.

3) "的"를 써도 되고 생략해도 되는 경우

• 대명사 관형어
대명사 관형어는 "的"를 써도 되고 생략해도 된다.

我和我(的)哥哥经常上街。　나와 내 형은 자주 거리에 나간다.
他(的)朋友是个诗人。　그의 친구는 시인이다.

• 형용사 관형어
형용사 관형어도 "的"를 써도 되고 생략해도 된다.

她在他的家里过着幸福(的)生活。
그녀는 그의 집에서 행복한 생활을 하였다.
我帮父亲换上干净(的)衣服。
나는 아버지를 도와 깨끗한 옷으로 바꾸었다.

• "很多", "不少"
"很多"와 "不少"도 "的"를 써도 되고 생략해도 된다.

我们在工作中也存在很多(的)问题。
우리는 일 가운데 매우 많은 문제가 있다.
现在，我们还有不少(的)困难。
현재, 우리는 또 적지 않은 어려움이 있다.

　상술한 규칙은 일반적인 것으로 일정한 내용을 강조하거나 구별하고자 한다
면 "的"를 사용한다. 그리고 언어 환경에 따라서 "的"를 사용하지 않기도 한다.

하나의 중심어에 여러 개의 관형어가 수식을 할 때, 일반적으로 한정성 관형어는 앞부분에 놓이고, 묘사성 관형어는 중심어와 가까이 놓인다. 상술한 여러 관형어는 일정한 순서를 가지고 중심어를 수식한다. 배열 순서는 아래와 같다.

1) 소유를 나타내는 명사, 대명사

2) 장소 또는 시간을 나타내는 단어

3) 지시대명사 또는 수량사

4) 주술구, 개사구, 동사구

5) 지시대명사 또는 수량사

6) 쌍음절 형용사, 형용사구

7) "的"를 사용하지 않는 형용사와 성질을 나타내는 명사

3)번과 5)번은 동일한 내용인데, 1)번과 2)번의 관형어가 나오지 않는다면 수량사는 맨 앞에 사용되고, 1)번과 2)번의 관형어가 나온다면 수량사가 5)번 위치에서 사용된다.

실례를 들어 분석해보면 아래와 같다.

她是一个很快乐的女孩子。

수량사+형용사구

그녀는 한 사람의 매우 즐거운 여자 아이이다.

姐姐的那件新买的连衣裙都挂在衣柜里。

소유대명사+지시대명사+수량구+동사구

누나의 그 새로 산 원피스는 모두 옷장에 걸려 있다.

她穿了一件极漂亮，极华贵的粉红色晚礼服。

수량사+형용사구+성질명사

그녀는 한 벌의 굉장히 예쁘고 호화로운 분홍색 연회복을 입었다.

参加者都是各国最有希望的年轻才子。

소유명사+ 동사구+쌍음절 형용사

참가자는 모두 각국에서 가장 희망이 있는 젊은 인재이다.

他是我们厂去年评选出的优秀的纺织工人。

소유명사+시간+동사구+쌍음절 형용사

그는 우리 공장에서 작년에 선출한 우수한 방직공이다.

昨天从图书馆借来的几本的新书你给我放哪儿了？

시간+개사구+동사구+수량사

어제 도서관에서 빌려온 몇 권의 신서를 너는 나를 위해 어디에 놓았어?

1. 다음 문장에서 틀린 곳을 고치시오.

(1) 我们调查的结果不能让你们满意。

(2) 各单位每月进行一次的分析。

(3) 我说不出是怎样一种心情。

(4) 我很快发现他是一个非常热情人。

(5) 日本人给了他们许多先进的技术。

(6) 我喜欢你这种严肃态度。

(7) 手里提着两个沉甸甸的黑色塑料的袋子。

(8) 一位棒球的教练看到一位新手在中场犯了一系列错误。

(9) 新建的仁川的国际机场为亚洲最大的航空港之一。

(10) 现在这个时候，应该是休息时候。

(11) 她的冰箱常有食物不翼而飞现象。

(12) 现在再想起唯一跟她一起吃饭情景。

(13) 目前还没有关于它特征和习性。

(14) 心理学家认为，声音决定了你３８％的第一的印象。

(15) 他手中拿的是最近出来的新的产品。

(16) 我们的班有11个人，不过就一个女的。

제19장

부사어

1. 정의

부사어(状语)는 술어의 의미가 분명하게 드러나도록 **술어**를 **수식**하는 성분을
부사어라고 한다. 즉, "부사어+술어" 또는 "부사어+地+술어"의 형식을 이루어
사용되는데, 술어는 동사와 형용사가 사용되고 조사 "地"는 생략되기도 한다.

女儿高兴地跳了起来。

딸은 즐겁게 뛰기 시작했다.

北方的菜都特别喜欢放酱油和盐。

북방 요리는 모두 특히 간장과 소금을 넣는 것을 좋아한다.

人们一直有着各种各样的说法、意见。

사람들은 줄곧 각양각색의 견해와 의견을 가지고 있다.

孩子慢慢地学会一些结构简单的句子。

아이는 천천히 일부 구조가 간단한 문장을 습득한다.

부사어는 의미에 따라서 한정성 부사어와 묘사성 부사어로 나뉜다.

한정성 부사어는 장소, 시간, 범위, 대상, 목적, 정도 등 여러 방면에서 중심어인 술어를 한정하는 성분이다. 주로 부사, 시간명사, 개사구가 사용된다. 실례를 들면 다음과 같다.

他在教室里学习。

그는 교실 안에서 배운다.

博士生刚刚进入研究阶段。

박사 대학원생은 방금 연구 단계에 접어들었다.

每个人都有自己的个性特点。

사람마다 모두 자신의 개성 특징을 가지고 있다.

他们几乎每个小时给我打电话。

그들은 거의 매 시간 나에게 전화를 한다.

묘사성 부사어는 동작을 묘사하거나 동작자를 묘사하는 부사어로 나눈다. 주로 형용사, 형용사구 혹은 수량사가 사용된다. 동작자를 묘사하는 부사어는 주어와 의미적으로 주어와 술어의 관계를 이룬다.

我们详细地说明了一切发生的事实。

우리는 발생한 모든 사실을 자세하게 설명하였다.

一个好朋友不停地向我推荐打网球。

한 좋은 친구가 끊임없이 나에게 테니스를 치라고 추천한다.

学生们跟着教师一遍一遍地唱。

학생들은 선생님을 쫓아서 한 번 한 번 부른다.

他很<u>兴奋地</u>表达自己的想法。

그는 매우 흥분하여 자신의 견해를 표현한다.

两位老人<u>亲切地</u>和我们一一握手。

노인 두 분이 친절하게 우리와 일일이 악수 하신다.

③ 부사어와 구조조사 "地"

부사어가 중심어인 술어를 수식할 때 양자 사이에는 구조조사 "地"를 사용하기도 하고 때로는 사용하지 않기도 한다. 아래에서 구조조사 "地"를 사용하는 것과 사용하지 않는 것으로 나누어 그 규칙을 살펴보자.

1) "地"를 사용하는 경우

형용사구, 동사구 뒤에는 일반적으로 "地"를 사용해야 한다.

她<u>非常高兴地</u>喝了三杯。

그녀는 매우 기쁘게 세 잔을 마셨다.

平时她总是<u>唠唠叨叨地</u>和她计较。

평상시에 그녀는 늘 잔소리를 하며 그녀와 논쟁한다.

주술구 뒤에는 "地"를 사용해야 한다.

燕道长过来<u>心疼地</u>劝慰了一番。

연도장이 와서 애석해하며 한 번 위로하였다.

秀华<u>手忙脚乱地</u>穿好了衣服。

수화는 허둥지둥 옷을 입었다.

2) "地"를 사용하지 않는 경우

단음절 형용사의 뒤에는 "地"를 쓰지 않는다.

天不早了，快走吧。　시간이 늦었으니, 빨리 가자.

脚轻放地上，脊背挺直。　발은 가볍게 땅에 놓고, 등은 곧게 편다.

시간명사의 뒤에는 "地"를 쓰지 않는다.

你明天到我家来。

너는 내일 우리 집에 와.

我现在感到不舒服。

나는 지금 불편함을 느낀다.

대명사의 뒤에는 "地"를 쓰지 않는다.

这样说就不对了。

이렇게 말하는 것은 잘못 되었다.

我怎么说，你怎么写。

제가 말하는 대로 당신은 쓰세요.

부사의 뒤에는 "地"를 쓰지 않는다.

形容词常常修饰名词。

형용사는 자주 명사를 수식한다.

周围的人也都有1万元的年收入。

주위 사람도 모두 만 원의 연 수입을 번다.

조동사의 뒤에는 "地"를 쓰지 않는다.

下次<u>应该</u>怎么做？ 다음에는 어떻게 해야 하나요?

这可<u>以</u>用比较的方法来分析。 이것은 비교의 방법으로 분석해도 좋다.

개사구의 뒤에는 "地"를 쓰지 않는다.

早晨8点15分<u>从北京</u>起飞。

아침 8시 15분에 베이징에서 이륙한다.

她放下听筒后，<u>在屋里</u>急得团团转。

그녀는 수화기를 내려놓은 후에 방에서 급해서 쩔쩔맸다.

3) "地"를 사용하여도 되고 사용하지 않아도 되는 경우

쌍음절 성질형용사는 "地"를 사용하여도 되고 사용하지 않아도 된다.

事实清楚<u>(地)</u>说明，发展并不是一维的。

사실은 발전이 결코 1차원이 아니라고 분명히 설명한다.

我仔细<u>(地)</u>阅读了相关文献资料。

나는 자세하게 서로 관련된 문헌 자료를 읽었다.

4. 부사어가 여러 개일 때의 어순

여러 개의 부사어가 하나의 중심어 술어를 수식하거나 한정할 때 일정한 순서를 가지고 중심어를 수식한다. 배열 순서는 아래와 같다.

1) 시간을 나타내는 부사어

2) 어기, 문장 사이의 관련, 빈도, 범위를 나타내는 부사어

3) 동작자를 묘사하는 부사어

4) 목적, 의거, 협동을 나타내는 부사어

5) 장소, 공간, 방향, 노선을 나타내는 부사어

6) 대상을 나타내는 부사어

7) 동작을 묘사하는 부사어

실례를 들어 분석해보면 아래와 같다.

我昨天在这个问题上改变了主意。

시간+방향

나는 어제 이 문제에서 생각을 바꾸었다.

整个教学楼终于彻底安静了。

어기+범위

모든 강의동이 마침내 철저하게 조용해졌다.

我不顾一切地向他家跑去。

동작자 묘사+방향

나는 무작정 그의 집으로 뛰어간다.

行啊，那就跟我好好想想，还有哪些人参加了？

관련+협동+동작 묘사

좋아, 그러면 나와 잘 좀 생각해보자, 또 어떤 사람이 참가했나?

大家吃完，她马上就都搬运了走。

시간+관련+범위

모두 밥을 다 먹고, 그녀는 즉시 운반해 갔다.

他总是那么心安理得地在这个家里寻求安慰和安全感。

시간+동작자 묘사+장소

그는 늘 그렇게 마음 편하게 이 집에서 위로와 안전감을 찾는다.

1. 다음 문장에서 틀린 곳을 고치시오.

(1) 可惜，这个人参加了只一次测试。

(2) 我就从小比较喜欢一直玩游戏。

(3) 一个女子给一个五六岁的小女孩正在讲笑话。

(4) 你也明天一定要来和我聊天。

(5) 虽然在一直吃，但是刚刚真没怎么吃饱。

(6) 他们把钱包打开来认真检查了一下。

(7) 值班的女服务员热情为我们让座。

(8) 我们将派专门的记者全力以赴为你提供帮助。

(9) 他每天早地来晚地走，很少休节假日。

(10) 明天晚上22点22分地正式开始卖。

(11) 你这孩子怎么这么地不懂事?

(12) 它让我常常地3点以后才能睡觉。

(13) 今天应该好好为他们着想才对。

(14) 依你所说，我应该理解怎么样这个传说?

(15) 全场的韩国观众都就一下子站了起来。

(16) 现在他想什么痛快就说出来。

제20장

보어

1. 정의

보어는 술어를 **보충**하여 **설명**하는 역할을 하는 문장 성분이다. 동사와 형용사가 사용되는 술어 뒤에 위치한다. 보어는 동작이나 변화의 결과, 방향, 동작의 횟수, 시간의 길이, 상태, 정도, 가능 등의 의미를 나타내 술어의 의미를 보충한다.

2. 분류

보어에는 결과보어, 방향보어, 수량보어, 상태보어, 정도보어, 가능보어 등이 있다.

1) 결과보어

결과보어는 동작이나 변화의 결과를 나타내는 말로서 대부분 과거에 이미 발생한 일에 사용되고 미래에 발생할 일에도 사용할 수 있다. 결과보어는 동사나 형용사가 쓰이는데 술어의 바로 뒤에 붙어서 사용된다.

消费者都希望买到实用的产品。　소비자는 모두 실용적인 상품을 사기를 희망한다.

他幸福快乐地坐在爸爸的腿上。　그는 행복하고 즐겁게 아빠의 다리 위에 앉아 있다.

北京市平均每人每天扔掉一个塑料袋。

베이징시는 평균 사람마다 매일 하나의 비닐봉투를 버린다.

목적어는 결과보어의 뒤에 놓여 "술어+결과보어+목적어"의 형식을 이루어 사용된다. 술어와 보어의 사이에 목적어나 다른 성분이 올 수 없다.

她非常想学好汉语。　그녀는 매우 중국어를 잘 배우고 싶어 한다.

吃完晚餐已是晚上10点了。　저녁을 다 먹고 나니 이미 저녁 10시이다.

只有一部分人能找到工作。　일부 사람만이 일을 찾을 수 있다.

결과보어가 사용된 문장은 술어의 동작이 완성되거나 완료됨을 나타내 보어의 뒤에는 일반적으로 "了"가 온다. 만약 동작의 결과를 강조하고자 하여 보어를 강조한다면 "了"를 생략할 수 있다.

他们永远记住了那个日子。　그들은 영원히 그 날을 기억하였다.

后来人家看到了我的书房。　나중에 사람들은 나의 서재를 보았다.

他边跑边脱掉上衣，奔到池旁。　그는 뛰면서 상의를 벗고, 연못 옆까지 달려왔다.

결과보어는 동작이 이미 일어난 일을 부정하기 때문에 부정형은 "没"를 쓴다. 다만 차후에 있을 일을 가정할 때, 이 가정문에서는 "不"를 쓴다.

小赵信还没看完，就哭了起来。

조군은 편지를 아직 다 보지 못했는데, 울기 시작했다.

对不起，我没听懂你的意思。

미안해, 나는 너의 뜻을 이해하지 못했어.

她不写完指定的东西，便不许她出来。

그녀는 지정한 것을 다 쓰지 못하면, 즉 그녀는 나올 수 없다.

결과보어는 "没"를 써서 부정을 하여 의문문을 나타낼 때는 "술어+보어+了没有?"의 정반의문문 구조로 의문문을 나타낸다.

写完了没有? 다 쓰지 않았니?

你吃饱了没有? 너는 배부르지 않니?

问清楚了没有? 분명히 물어보지 않았니?

보어와 동사의 의미 관계에 주의하여 결과보어를 선택하여야 하는데, 자주 사용되는 결과보어는 아래와 같다.

好: 동작의 완성을 나타내거나 상태가 만족할 만큼 된 것을 의미한다.

会议之前准备好一切设施。 회의 전에 모든 시설을 다 준비하였다.

我最看好这三个行业。 나는 이 세 직종이 가장 잘 되리라고 예측한다.

在: 동사 "在"의 뒤에는 장소를 나타내는 단어가 와서 동작이 행하여진 장소를 나타낸다.

司机和他的车停在路边。 기사와 그의 차는 길가에 서있다.

今天把主语放在谓语的前面。 오늘은 주어를 술어의 앞에 놓았다.

到: 사람이나 사물이 장소에 도착했음을 나타낸다.

好不容易走到一家食品店。 가까스로 한 식품점에 갔다.

동작이 지속되어 일정 시점에 이르렀음을 나타낸다.

有一天晚上他写到深夜。 어느 날 저녁 그는 심야까지 썼다.

어떤 목적을 달성했음을 나타낸다.

他在大学里拿到了工程学学位。 그는 대학교에서 공학 학위를 받았다.

住: "住"는 동사의 동작을 고정시키고 움직이지 않게 하는 의미를 나타낸다.

夫妻两个一听，一时愣住了。

부부 둘이서 듣자마자 순간 넋이 나갔다.

两个人发现村民站住了，也就停了下来。

두 사람은 마을 사람들이 서 있는 것을 발견하고, 또 멈추었다.

见: 동사 "见"은 감각동사 "听", "看"의 뒤에서 "听见", "看见"으로 사용되어 "들리다", "보이다"의 의미로서 동작의 대상을 감지함을 나타낸다.

我看见我面前的桌子。

나는 내 앞의 책상을 보았다.

突然听见远处有人在喊她。

갑자기 먼 곳에서 어떤 사람이 그녀를 부르고 있는 것을 들었다.

着(zháo): "着"는 어떤 동작이 목적에 달성했음을 나타낸다.

躺在那里睡着了。 거기에 누워서 잠이 들었다.

他终于买着了冰块。 그는 마침내 얼음 덩어리를 샀다.

上: 동작을 통해 어떤 사물이 어떤 장소에 존재하거나 부착 되어 있음을 나타낸다.

外边冷，再穿上件衣服吧! 밖이 추우니 옷을 더 입어!

本子上要写上名字。 공책에 이름을 적어야 한다.

동작이 발생된 후 닫히거나 첨가하거나 합쳐지는 것을 나타낸다.

她上了车，关上门，我倒车。 그녀는 차를 타고 문을 닫았고, 나는 차를 후진시켰다.

주로 어려운 목적에 도달하였음을 나타내는 경우에 사용된다.

工人们也住上了新建的公寓楼。 노동자들도 새로 지은 아파트 건물에 들었다.

开: 동사 "开"는 동작을 통해 대상이 나뉘어졌거나 확장하거나 확대되는 것을 나타낸다.

只要你打开书，他们全都能站起来。

네가 책을 펼치기만 하면 그들은 모두 일어날 수 있다.

没有这三点，这些学科很难展开深入研究。

이 세 가지가 없다면, 이런 학과는 깊이 연구를 진행하기가 매우 어렵다.

成: 동사의 동작을 통해서 대상이 또 다른 것으로 변화 되는 것을 나타낸다.

他没有退缩，决心办成此事。

그는 뒷걸음질 치지 않고, 이 일을 하기로 결심하였다.

他的著作已经被翻译成超过20种语言。

그의 작품은 이미 20가지 언어 이상으로 번역되었다.

掉: 동사의 동작을 통하여 이탈이나 제거가 되는 것을 나타낸다.

不，我可舍不得买掉他们。

아니, 나는 정말 그들을 사는 것이 아깝다.

他们纷纷扔掉家中的电视机。

그들은 잇달아 집안의 텔레비전을 버렸다.

2) 방향보어

방향보어는 주로 동작의 방향을 나타내고 사물의 진행 방향을 나타내기도 한다. 방향보어는 추향보어라고도 한다. 방향보어는 방향동사가 보어로 쓰인다. 방향동사는 동작의 방향을 나타내는 동사이다. 방향동사는 다음의 〈표 11〉과 같이 방향동사 하나로 이루어진 단순 방향동사 "来, 去, 进, 出, 上, 下, 回, 过, 去"와 방향동사 두 개로 이루어진 복합 방향동사로 나눌 수 있다. "来, 去"는 자주 사용되는 대표적인 단순 방향동사이다.

	进	出	上	下	回	过	起
来	进来	出来	上来	下来	回来	过来	起来
去	进去	出去	上去	下去	回去	过去	

• 방향보어의 분류

방향보어는 술어 뒤에 단순 방향동사 "来, 去, 进, 出, 上, 下, 回, 过, 去"를 붙여 나타내는 단순 방향보어와 술어 뒤에 복합 방향동사를 붙여 나타낸 복합 방향보어로 나눈다.

• 방향보어와 목적어의 위치

〈단순 방향보어와 목적어〉

단순 방향보어와 목적어의 어순에는 세 가지가 있다. 첫째, 목적어가 일반 보통명사일 때에는 보어가 술어의 바로 뒤에 오고 목적어는 보어의 뒤에 쓴다. 둘째, 목적어가 장소를 나타내는 명사이면 목적어는 단순 방향보어의 앞에 온다. 셋째, 목적어가 추상적 의미의 명사이거나 존재나 출현을 나타내는 명사이면 목적어는 보어의 뒤에 온다. 이때 방향동사는 "来"나 "去"가 온다.

七月初直子寄来了一封信。

7월초, 나오코는 한 통의 편지를 붙여왔다.

你回房间去吧，等我们的决定。

너는 방으로 돌아가 우리의 결정을 기다려.

梦可以带来希望。

꿈은 희망을 가져올 수 있다.

这时村外走来一个人。

이때 마을 밖에서 한 사람이 걸어 왔다.

〈복합 방향보어와 목적어〉

복합 방향보어와 목적어의 어순도 세 가지로 나눈다. 첫째, 목적어가 일반적인 보통명사일 때에는 보어의 앞이나 뒤에 모두 올 수 있다. 둘째, 목적어가 장소명사일 때에는 보어의 앞에 온다. 셋째, 동사가 "술어+목적어" 구조인 이합동사이면 목적어는 복합 방향보어의 사이에 온다.

拿出一本书来读，又读不下去。　책 한 권을 가져와 읽는데, 또 읽어 내려갈 수 없다.
他已经走上楼来了。　그는 이미 건물로 걸어 올라왔다.
孩子们齐声唱起歌来了。　아이들은 일제히 노래를 부르기 시작했다.

• 방향보어의 기본 의미와 파생용법

방향동사가 보어로 사용될 때 동사 본래의 의미로 사용될 뿐만 아니라 그 의미가 확대되어 쓰이기도 한다.

来: 동작의 대상인 사람이나 사물이 화자의 방향으로 움직여서 가까워지는 경우에는 "来"를 쓴다.
　他们向我走来。　그들은 나에게 걸어온다.
　他带来了一群小朋友。　그는 한 무리의 꼬마들을 데리고 왔다.

去: 동작의 대상인 사람이나 사물이 화자로부터 떨어져서 멀어지는 경우에는 "去"를 쓴다.
　两人向教堂缓缓走去。　두 사람은 교회를 향하여 느릿느릿하게 걸어간다.
　大家都从上海飞去北京。　사람들은 모두 상하이로부터 베이징으로 비행기를 타고 간다.

出: 사람이 안에서 밖으로 움직이는 경우에 사용한다.
　他急忙穿上衣服跑出门。　그는 황급하게 옷을 입고 문 밖으로 뛰어 나간다.

过: 어떤 지점을 경과하거나 통과하는 경우에 쓰인다.

小车穿过几条马路，在一个不大的院落前停下来。

승용차가 몇 개의 큰 길을 지나가 하나의 크지 않은 정원 앞에 멈춘다.

사람이나 물체가 방향을 바꾸는 것을 나타내는 경우에 사용한다.

他转过身继续和人闲聊。　그는 몸을 돌려 계속 다른 사람과 잡담한다.

동작의 완성을 나타낸다.

我还以为自己没吃呢，原来早已吃过了。

나는 또 자신이 먹지 않았다고 생각하였는데, 원래 벌써 먹었다.

上: 사람이나 사물이 동작을 통하여 높은 곳으로 움직이는 경우에 쓰는데, 일반적으로 "上" 뒤에는 장소를 나타내는 말이 나온다. 추상적인 길의 의미에도 사용된다.

我们正在走上坡路。　우리는 마침 언덕길을 걸어 올라가고 있다.

동작이 시작하여 계속되는 것을 나타낸다.

小伙子爱上了一个姑娘。　젊은이가 한 아가씨를 사랑하게 되었다.

목적에 도달하는 것을 나타낸다.

我女儿考上北大。　제 딸은 북경 대학에 합격하였습니다.

동작이 닫히거나 합쳐짐을 나타낸다.

我一直在想，然后闭上眼睛。　나는 줄곧 생각하다가, 그러한 후에 눈을 감는다.

爸爸合上书放在膝盖上。　아빠는 책을 덮고 무릎 위에 놓으신다.

사물이 부착되거나 첨가되는 경우에 사용된다.

他们都穿上夜行服。　그들은 모두 밤에 입는 옷을 입는다.

我直接墙上贴上广告。　나는 직접적으로 벽에 광고를 붙인다.

下: 사람이나 사물이 동작을 통하여 낮은 곳으로 움직이는 경우에 사용한다.

他跳下窗台，向厅前大院跑去。

그는 창턱에서 뛰어 내려 홀 앞에 큰 뜰을 향하여 뛰어 간다.

사물을 고정시키는 의미로 사용된다.

记下课后读到的相关内容。　수업 후 읽었던 서로 관련된 내용을 기억해 두어라.

일정한 곳에서 분리하거나 이탈하는 것을 나타낸다.

他一进卧室，脱下外套。　그는 침실에 들어서자 외투를 벗는다.

他撕下一张纸，写了字。　그는 한 장의 종이를 찢고, 글자를 적었다.

장소에 일정한 수량을 수용함을 나타낼 때 사용한다.

箱子不大，刚装下衣服和书籍。

상자가 크지 않아, 막 옷과 책을 담았다.

他的汽车除了司机之外，只能够坐下一个人。

그의 차는 기사 이외에 한 사람만이 능히 앉을 수 있다.

下来: 사람이나 사물이 동작을 통하여 높은 곳에서 낮은 곳으로 움직이는 경우에 사용한다.

从楼上走下来一位老太太。　위층에서 할머니 한 분이 걸어내려 오신다.

立即收好弓箭，从树上爬下来。　즉시 활과 화살을 챙기고 나무에서 기어 내려온다.

일정한 곳에서 분리하거나 이탈하는 것을 나타낸다.

鞋子还没有脱下来。

신발을 아직 벗지 않았다.

你一件件拆下来，按次序编上号。

너는 하나하나 뜯어내고, 순서에 따라서 번호를 매겨라.

사물을 고정시키는 의미로 사용된다.

我把它写下来告诉您。

저는 그것을 적어서 당신께 알려드리겠습니다.

他们正准备找个饭店停下来吃午饭。

그들은 마침 식당을 찾아 멈춰서 점심을 먹을 준비한다.

과거에서 현재까지 지속되거나 계속되는 것을 나타낸다.

这是祖宗传下来的。　이것은 조상으로부터 전해 내려온 것이다.

我肯定也能够坚持下来。　나는 분명히 또 능히 견뎌낼 수 있었다.

起来: 동사의 뒤에 쓰여 동작이 시작하여 계속되는 것을 나타낸다.

校长听了我的这番话，大笑起来。　교장은 나의 이 말을 듣고 크게 웃기 시작하였다.

她见外面又下起雨来。　그녀는 밖에서 또 비가 내리기 시작한 것을 본다.

분산되었던 것이 한 곳으로 집중되는 것을 나타낸다.

请把钱收起来，说什么我也不会去的。

돈을 집어넣으세요, 뭐라고 말해도 저는 가지 않을 거예요.

发扬民主，把大家的意见集中起来形成决定。

민주주의를 발휘하려, 사람들의 의견을 집중하여 결정한다.

한 방면에서의 예측이나 평가를 나타낸다.

我看起来很外向，事实不然。　내가 보기에는 매우 외향적인데, 사실은 그렇지 않다.

大家听起来会觉得很有趣。　사람들이 듣기에 매우 재미있다고 느낄 것이다.

下去: 사람이나 사물이 동작을 통하여 낮은 곳으로 움직이는 경우에 사용한다.

她决心继续走下去。　그녀는 계속하여 걸어가기로 결심한다.

水从他们的侧面流下去。　물은 그들의 측면으로 흘러 내려간다.

동사나 형용사의 뒤에 쓰여 동작이나 상태가 계속해서 진행되어 나가는 것을 나타낸다.

형용사는 주로 부정적인 의미를 나타내는 단어가 많이 사용된다.

我真想一辈子能跟她学下去。

나는 정말 한 평생 그녀와 공부를 계속 할 수 있기를 원한다.

看来，这方面话题还会说下去。

보아하니, 이 분야의 화제는 아직 계속 이야기하여야 할 것이다.

现在他已经不能再胖下去了。

현재 그는 이미 점점 더 뚱뚱해질 수 없다.

1. 다음 문장에서 틀린 곳을 고치시오.

(1) 我买了到一些其他书店没有的新书。

(2) 她说话完了, 也不理他, 扭身就走。

(3) 我不看到上面有什么重要的事情啊。

(4) 刚理发完了, 菲琳儿就跑了进来。

(5) 他居然在5分钟之内记了20多个名字。

(6) 最后他的手指停上一个名字上。

(7) 女儿在隔壁房间睡了。

(8) 他的许多作品已被译到10多个国家的文字。

(9) 几年后, 她出人意料地考上去一所名牌大学。

(10) 我小学毕业的时候已经学成了初二的课程。

(11) 开始下雨了，我最好赶快进去屋。

(12) 妈妈简直要兴奋得跳舞起来。

(13) 他忽然从床头下面拿一本书出来。

(14) 她戴着耳环，我认她不出来了。

(15) 她正想推辞，他又接着讲下来。

(16) 他后来才知道，八天以后他才醒上来。

(17) 找到这句话的时候，请把它记出来。

(18) 现在大家把鞋子脱起来。

3) 정도보어

● 정의

술어의 뒤에 놓여 동작이나 상태가 도달한 정도를 나타낸다. 이미 발생한 일
에 많이 사용된다.

● 분류

"술어+(得)+정도보어"의 형식으로 사용하는데 "得"의 사용여부에 따라 다음
과 같이 세 가지로 나눌 수 있다.

① 술어의 뒤에 "极", "透", "死", "坏"가 보어로 쓰인다. 보어의 앞에는 "得"를
   쓰지 않고 생략하며, 보어의 뒤에 "了"를 반드시 써야 한다.

> 我真是高兴极了。　나는 정말 매우 기쁘다.
> 她的脚趾冻坏了。　그녀의 발은 얼어서 상하였다.

② 술어의 뒤에 "多", "远"이 보어로 쓰인다. 보어의 앞에 "得"를 사용할 때에
   는 문장의 끝에 "了"를 사용하기도 하고 사용하지 않기도 하며, 만약 "得"
   를 사용하지 않는다면 반드시 문장의 끝에 "了"를 사용한다. 대부분 비교
   에 사용된다.

> 我的脚好多了。
> 나의 발은 많이 좋아졌다.
> 那个女人跟你比起来，我觉得差远了。
> 그 여자는 너와 비교하면, 나는 비교가 안 된다고 생각한다.

③ 술어의 뒤에 "很", "慌", "要命", "要死", "不得了", "不行" 등이 보어로 쓰이는데, 보어의 앞에 반드시 "得"를 사용해야 하며 문장의 끝에 "了"가 오지 않는다.

天热得要死，人都喘不过起来。 날이 지독하게 더워, 사람들이 다 숨을 쉴 수 없다.
让我一个人安静一会儿，我烦得慌。 저 혼자 잠깐 조용히 있게 두세요, 정말 답답해요.
见到国家领导人，他激动得不行。 국가 지도자를 만나, 그는 너무 감격하였습니다.

4) 상태보어
• 정의
동사의 뒤에 쓰여 동작이나 동작의 상태에 대하여 묘사하거나 상황에 대한 설명을 나타낸다. 보어의 앞에 "得"가 와야 하며 문장의 끝에 "了"가 오지 않는다. 이미 일어난 일에 많이 쓰인다.

这本书写得还不错。 이 책은 그런대로 괜찮게 썼다.
有时候忙得就是没时间。 때로는 바빠서 시간이 없다.
他高兴得合不拢嘴。 그는 기뻐서 입을 다물지 못하였다.

• 상태보어가 있는 문장의 특징
문장 가운데 술어 뒤의 목적어가 상태보어와 함께 쓰인 문장은 동사를 중복하여 "동사+목적어+동사+得+상태보어"의 형식으로 사용하거나 동사를 생략하여 "목적어+동사+得+상태보어"의 형식으로 목적어를 동사의 앞에 놓는 두가지 어순을 모두 사용한다.

他跳舞跳得棒极了。 그는 춤을 굉장히 잘 춘다.
他舞跳得棒极了。 그는 춤을 굉장히 잘 춘다.

상태보어의 부정 형식은 일반적으로 상태보어를 부정하여 나타낸다. 즉, "동사+得+不+상태보어"의 형식으로 쓰인다. 술어를 부정하면 문장이 성립하지 않는다.

我跑得<u>不快</u>，但教练说我行。
나는 뛰는 것이 빠르지 않으나 코치님은 내가 빠르다고 말하신다.

我的脸长得<u>不漂亮</u>，但长得很有特色。
나의 얼굴은 예쁘게 생기지 않았으나 매우 개성이 있다.

상태보어가 있는 문장에서는 보어를 사용하여 이미 정도의 의미가 강조되었기 때문에 술어 앞에 부사이를 붙여시 술어를 수식힐 수 없다.

*车高高兴兴地开得很快。

*诗要非常写得整齐。

이 외에 회화체 문장에서 상태보어의 앞에 "个"나 "得个"를 사용하여 보어를 나타낸다. 상태보어를 부정할 때에는 "个"의 뒤에 부정사를 넣는다.

让我们喝<u>个</u>足，喝<u>个</u>饱，喝<u>个</u>痛快！
우리로 하여금 풍족하게 마시고, 배부르게 마시고, 즐겁게 마시게 한다.

他去招惹别人，结果被人打<u>得个</u>半死。
그는 다른 사람을 건드리러 가서, 결과적으로 다른 사람에게 초주검이 되도록 맞았다.

此时，屋外大雨下<u>个</u>不停。
이때, 집 밖에는 큰비가 끊임없이 내렸다.

5) 수량보어

• 정의

수량보어는 동작의 횟수나 지속되는 시간을 나타내는 성분이다.

• 분류

수량보어는 동량보어와 시량보어 두 가지로 나눌 수 있다.▶

▶ **footnote**

수량보어에는 이 외에도 개사 "比"로 이루어진 비교문에서 비교의 결과에 해당하는 성분을 보어로 여기고 "비교수량보어" 라고 하기도 한다.

〈동량보어〉

동작의 횟수를 나타내며 술어의 뒤에서 동량사가 보어로 쓰인다.

我们后来还见过一次。

우리는 나중에 또 한 번 만난 적이 있다.

我再说一遍，我是来搞调查研究的。

제가 다시 한 번 말하면, 저는 조사하고 연구하러 왔습니다.

我每天吃三顿，有时候还加上一顿宵夜。

저는 매일 세 끼를 먹는데, 때로는 또 한 끼 야식까지 먹는다.

• 상태보어가 있는 문장의 특징

문장에 목적어가 있을 때 목적어와 동량보어의 어순은 세 가지로 나눌 수 있다. 첫째, 목적어가 일반적인 사물을 나타내는 명사일 때는 동량보어의 뒤에 쓰인다. 둘째, 목적어가 인칭대명사일 때는 목적어가 동량보어의 앞에 위치한다. 셋째, 목적어가 인명이나 지명이면 보어의 앞이나 뒤에 모두 놓일 수 있다.

今晚上要打两次针，吃两次药。

오늘 저녁 주사를 두 번 맞고 약을 두 번 먹어야 한다.

你先到办公室等我一下。

당신은 먼저 사무실에 가서 저를 좀 기다리세요.

她已经去过一次北京。↔ 她已经去过北京一次。

그녀는 이미 북경에 한 번 가본 적이 있다.

동량보어가 사용된 문장을 부정하면 술어를 부정하는데, 술어를 부정하면 그 뒤에는 일반적으로 보어가 사용되지 않는다. 부정부사로는 주로 "没"가 사용된다.

我说床还没用过。　저는 침대를 아직 사용한 적이 없다고 말합니다.

她没吃过，我自己做自己吃。

그녀는 먹어본 적이 없고, 내 자신이 만들어서 스스로 먹는다.

동량보어가 쓰인 문장의 술어 뒤에는 시태조사 "了"나 "过"를 붙일 수 있다.

他仔细地参观了一遍。　그는 자세하게 한 번 참관하였다.

根本就没有好好吃过一回肉。　근본적으로 고기를 한 번 잘 먹어본 적이 없다.

〈시량보어〉

정의: 시량보어는 일반적으로 동작이 지속되는 시간의 길이를 나타낸다.

我在系里等了一个小时。　나는 과에서 한 시간을 기다렸다.

她已在英国学了一年体育管理。　그녀는 이미 영국에서 체육 관리를 1년 배웠다.

他在天津住了10天左右。　그는 텐진에서 10일쯤 묵었다.

시량보어가 있는 문장의 특징: 시량보어가 사용된 문장에 목적어가 있을 때, 목적어와 시량보어의 어순은 두 가지로 나눌 수 있다. 첫째, 목적어가 일반 명사이면 시량보어의 뒤에 위치한다. 시량보어와 목적어의 사이에 "的"가 들어갈 수도 있고, 생략될 수도 있다. 둘째, 목적어가 인칭대명사, 장소명사일 때는 시량보어의 앞에 위치한다.

今天我只看了一个小时的训练。　오늘 나는 훈련을 한 시간만 보았다.

我找了你好几天。　나는 몇 날 며칠을 너를 찾았다.

小张来中国一年半了。　장군은 중국에 온지 1년 반이 되었다.

상술한 목적어의 종류에 상관없이 동사 술어 뒤에 목적어가 있으면 "술어+목적어+술어+시량보어"의 형식으로 술어를 중복하여 사용할 수 있다.

大家等他等了很久，他没有来。

사람들은 그를 오래 기다렸는데, 그는 오지 않았다.

老人睡觉睡了三天以后，去世了。

노인은 3일을 자고난 후에 돌아가셨다.

시량보어가 있는 문장에서 동량보어가 있는 문장과 마찬가지로 일반적으로 부정형식을 사용하지 않는다.

我没去过美国。　저는 미국에 가본 적이 없습니다.

他从没找过任何人。　그는 여태껏 어떤 사람을 찾은 적이 없다.

1. 다음 문장에서 틀린 곳을 고치시오.

(1) 他们现在正忙了要命。

(2) 我弟弟画得比我好极了。

(3) 三个人用英语聊天得很开心。

(4) 唱完后, 大家鼓掌说他唱好。

(5) 他们文化很低, 素质不高, 比我差远。

(6) 时间要花得多, 而且不洗得干净。

(7) 记得我九岁那年冬天, 下雪特别大。

(8) 不好意思, 冷小姐, 还让你跑一阵。

(9) 我那时那么迷她，一天打电话好几次。

(10) 她每天至少打电话来找三次他。

(11) 开会了两个小时，就纠结在一个问题上。

(12) 我们坐下来谈了话15分钟。

(13) 不知花了多少人力，害得我还生病了一个月。

(14) 我比原计划晚到一天北京。

(15) 她坐在那儿，看了一会儿他。

(16) 放弃了就业的机会，到台湾去学了中文一年。

6) 가능보어

• 정의

가능보어는 가능과 불가능을 나타내는 성분으로 발생하지 않은 일과 일반적인 상황에 많이 사용된다.

• 분류

기본 구조는 크게 "술어+得/不+가능보어", "술어+得/不+了(liǎo)", "술어+得 또는 술어+不得" 세 가지 형식으로 나눈다.

〈"술어+得/不+가능보어" 구조〉

가능보어가 있는 가장 일반적인 문장 구조로시, 가능을 나타낼 때는 술어와 가능보어 사이에 구조조사 "得"를 넣어서 나타내고 불가능을 나타낼 때에는 술어와 가능보어 사이에 "不"를 넣어서 나타낸다. 가능보어는 결과보어와 방향보어가 자주 사용된다.

两天好了，如果你做得完的话。

이틀이면 된다, 네가 만약 다 할 수 있다면 말이야.

是因为想着你，我才回得来。

너를 생각하고 있기 때문에 내가 비로소 돌아 올 수 있었다.

到这里为止，车子开不过去了。

여기까진 가능하나, 차는 지나갈 수 없다.

心里也明白该做什么，实在学不下去。

마음도 무엇을 해야 할지 이해하여, 실제로 더 배울 수 없다.

이 가능보어를 가진 문장의 목적어는 보어의 뒤에 놓거나, 보어가 복합 방향보어일 때에는 목적어를 복합 방향보어의 사이에 놓는다.

法国人担心学不好外语。
프랑스 사람들은 외국어를 잘 배울 수 없는 것을 걱정한다.
阿敏吓得一时说不出话来。
민이는 놀라서 잠시 말을 할 수가 없었다.

의문문은 가능을 나타내는 구조와 불가능을 나타내는 구조를 병렬하여 나타낸다.

汉语学得好学不好?
중국어를 잘 배울 수 있나요 없나요?
这件事做得完做不完?
이 일은 끝낼 수 있나요 없나요?

〈"술어+得/不+了(liǎo)"〉
동작이나 행위의 실현 가능성이나 변화의 추측을 나타내는데 긍정형식은 "술어+得了"이고 부정형식은 "술어+不了"이다.

我最近事很多，不一定去得了。
나는 최근에 일이 매우 많아서, 갈 수 있을지 확실하지 않다.
企业不好，大家最终也好不了。
기업이 좋지 않아, 사람들은 최후에도 좋아질 수 없다.
真的假不了，假的跑不了。
진짜는 가짜일 수 없고, 가짜는 도망갈 수 없다.

267

〈"술어+得 또는 술어+不得"〉

긍정형식으로 가능의 의미를 나타내며 부정형식으로 "~해서는 안 된다"의 금
지 의미를 나타내는데, 주로 부정형으로 쓰인다.

颜色鲜艳的冰糕、冷饮吃不得。

색깔이 화려한 아이스크림, 찬 음료는 먹어서는 안 된다.

这几年的进步真是小看不得。

요 몇 년의 진보는 정말 무시해서는 안된다.

这里睡不得的，睡着了要着凉。

여기서 자서는 안 되며, 잠이 들면 감기에 걸리게 된다.

• 가능보어를 사용할 수 없는 경우

동사 앞에 "不能"이 있어 문장이 불가능의 의미를 가지고 있을 때 가능보어를
사용할 수 없다.

*她写的诗我不能全看得懂。

她写的诗我不能全看懂。

나는 그녀가 쓴 시를 전부 이해할 수 없다.

她写的诗我全看不懂。

나는 그녀가 쓴 시를 전부 이해할 수 없다.

把자문이나 被자문은 가능, 불가능의 의미와 서로 관계가 없기 때문에 把자
문이나 被자문의 뒤에 가능보어를 쓸 수 없다.

*快把作业做得完，今天带你出去吃快餐

*他在井边把衣服洗不干净了。

*我的车被小偷偷得走。

연동문에서 첫 번째 동사나 동사구는 가능보어를 쓸 수 없다.

*我会去得了中国学习，工作甚至定居下来。
*那家人上不了街买东西去了。

가능보어는 주로 주관적, 객관적 조건에서 어떤 동작이나 상황이 가능한지 불가능한지를 나타내기 때문에 이미 발생한 일에 사용할 수 없다.

• 자주 사용되는 가능보어

了(liǎo): "了"는 동작이 완성될 수 있는지 없는지를 나타낸다.

有时疼得<u>吃不了</u>饭。　때로는 아파서 밥을 먹을 수 없다.

到时候<u>完成不了</u>任务，怎么办?　때가 되어 임무를 완성할 수 없으면 어떻게 해?

动: "动"은 동작을 통해서 위치를 변화시킬 수 있는지의 여부에 대하여 나타낸다.

东西多，孩子<u>拿不动</u>。　물건이 많아서 아이가 가져갈 수 없다.

最后连路都<u>走不动</u>了。　마지막에는 길도 걸을 수 없었다.

起: 어떤 능력이 있음을 나타낸다. 주로 경제적 능력과 관련되어 많이 사용된다.

现在药品价格太高，老百姓<u>吃不起</u>药。

현재 약품 가격이 너무 높아서, 국민들은 약을 먹을 수 없다.

一般人根本<u>买不起</u>昂贵的汽车。

일반인들은 근본적으로 비싼 차를 살 수 없다.

269

下: "下"는 기본 의미에서 파생되어 어떤 장소에 일정한 수량을 수용함을 나타내거나 수용할 수 없음을 나타낼 때 사용한다.

20个人都可以坐得下。

20명 모두 앉을 수 있다.

她吃不下饭，睡不着觉。

그녀는 밥을 먹을 수 없고, 잠을 이룰 수 없다.

上: "上"은 동작을 통해서 목적에 이르렀음을 나타낸다. 주로 어려운 목적에 많이 사용한다.

你父亲说你是考得上大学的。

당신 아버지는 당신이 대학에 합격할 수 있다고 말하십니다.

一年里，我们在这屋子里住不上三四回。

1년 가운데 우리는 이 방 안에서 서너 번 묵을 수 없었다.

住: "住"는 어떤 동작이 고정됨을 나타내는 의미로 사용된다.

那么多你怎么记得住啊?

그렇게 많은데 당신은 어떻게 기억할 수 있나요?

现在双手还抓不住筷子。

현재 양손은 아직 젓가락을 잡을 수 없다.

• 가능보어와 정도보어의 비교

〈표15〉는 가능보어와 정도보어를 비교한 것이다.

〈표15〉 가능보어와 정도보어 비교

	可能补语	程度补语
긍정형	写得好	写得好
부정형	写不好	写得不好
"吗"의문문	写得好吗	写得好吗?
정반의문문	写得好写不好?	写得好不好?
목적어를 수반한 동사	写得好汉字	写汉字写得好

7) 개사구 보어

개사구 보어는 개사 "于", "自", "向", "在", "到", "至", "往" 등이 목적어와 개사구를 이루어 술어의 뒤에 나와 "시간, 장소, 방향" 등을 나타낸다.

人来自自然，是自然的一部分。

사람은 자연으로부터 왔으며, 자연의 일부분이다.

张扬1967年出生于北京。

장양은 1967년 베이징에서 출생하였다.

一名约20岁的男子走向美国使馆大门。

약 20살의 한 명의 남자가 미국 대사관 정문으로 걸어간다.

1. 다음 문장에서 틀린 곳을 고치시오.

(1) 我讲得很慢，他仍听得懂。

(2) 我不再担心记住他们的名字。

(3) 只要有钱，什么美味都不能买得到。

(4) 我也想找你，替我把这张桌子买得掉。

(5) 今年猪肉太贵了，吃不了。

(6) 学习上有什么问题解决不着。

(7) 他曾经痛苦得几天几夜睡觉不着。

(8) 鲁修承出差了，今天肯定不回来。

(9)　海面是一片黑暗，什么东西都不看见。

(10)　明天上午有事，我去不了机场接他。

(11)　周一又要开会去，我实在写了不完。

(12)　我们的牛肉干根本卖不去。

(13)　蛋糕那么贵呀，那我可买不下。

(14)　我的车只坐得来两个人。

(15)　我们现在哪里住得了这样好的房子呢?

(16)　你老是提醒我的年龄，你怕我记不起。

(17)　人们第一次听到了来向韩国的声音。

제21장

특수 구문

1. 정의

특수 구문은 일반 문장에서 한 걸음 더 나아가 목적어가 두 개이거나 동사가 두 개 이상 나오고, 주어의 자리에 장소를 나타내는 말이 오는 **독특**하고 **특별**이 다른 문장을 가리킨다.

2. 분류

특수 구문에는 이중목적어문, 연동문, 겸어문, 존현문이 포함된다.

1) 이중목적어문

• 정의

이중목적어문은 하나의 술어 동사가 두 개의 목적어를 가지고 있는 문장이다. 그 중에 술어 뒤에 나오는 첫 번째 목적어는 사람을 나타내는 말이 나오고, 두 번째 목적어는 사물을 나타내는 말이 나온다.

기본 구조와 실례는 다음과 같다.

주어+술어+목적어1+목적어2

我给他10元钱。　나는 그에게 10원을 준다.

老师教他们英语和数学。　선생님은 그들에게 영어와 수학을 가르친다.

他告诉我一个故事。　그는 나에게 이야기 하나를 알려준다.

• 이중목적어문의 특징

〈술어〉

두 개의 목적어를 가지고 있는 술어는 "주다" 혹은
"받다"의 의미를 가진 동사가 사용된다. 자주 사용되는
동사는 다음과 같다.

▶ footnote

동사 자체적으로 "주다"
의 의미를 가지고 있어
이중목적어문에 사용될
때 각 동사의 뒤에 "给"를
사용하는 것은 임의적으
로 즉, 사용해도 되고 사
용하지 않아도 된다.

"주다" 의미 동사▶ : 给 送 交 教 还 奖 赏 赠 赔
　　　　　　　　　告诉 通知 报告 赠送 转交 退还
"받다" 의미 동사 : 收 赢 拿 借 买 问 求 偷 夺 罚
　　　　　　　　　骗 占 托付 请教 麻烦 浪费

"주다" 의미의 동사들은 화자가 다른 사람에게 사물을 주는 것이고 "받다" 의
미의 동사들은 다른 사람이 화자에게 사물을 주는 것이다.

〈구조 특징〉

사람을 나타내는 목적어가 앞에 오고, 사물을 나타내는 목적어는 뒤에 오는
데 그 순서는 바뀌면 안 된다.

我朋友送我一本画报。

내 친구는 나에게 한 권의 그림 잡지를 선물했다.

*我朋友送一本画报我。

276

대상을 끌어내기 위해서 전치사를 사용할 필요가 없다. 특히, 대상이라고 하여 대상을 나타내는 개사 "对"를 사용할 필요가 없다.

我送给他一个玩具小汽车。

나는 그에게 장난감 자동차 하나를 선물하였다.

*我给他送一个玩具小汽车。

医生问他一个问题。

의사는 그에게 문제 하나를 묻는다.

*医生对他问一个问题。

목적어1과 목적어2는 서로 소속을 나타내는 관계가 아니므로 두 목적어 사이에 "的"를 사용할 필요가 없다.

爸爸交给我一封信。

아빠는 나에게 편지 한 통을 건네주신다.

*爸爸交给我的一封信。

2) 연동문

• 정의

연동문은 하나의 주어와 두 개 혹은 두 개 이상의 동사 혹은 동사구가 술어로 이루어진 문장을 말한다. 연동문의 동사나 동사구는 동일한 주어와 의미적으로 주어와 술어의 관계를 발생할 수 있다. 연동문의 기본 구조와 실례는 다음과 같다.

주어+술어1+술어2+(술어3+……)

姐姐去商店买扣子。

누나는 가게에 가서 단추를 산다.

天天我下了课就跑到他家。

날마다 나는 수업이 끝나고 그의 집에 뛰어 갔다.

电视台小伙子坐着开车，后边坐着他朋友。

텔레비전 방송국 젊은이는 앉아서 차를 몰고 있고, 뒤에는 그의 친구가 앉아 있다.

• 문법 특징

연동문에서 술어1과 술어2 두 개의 동사나 동사구 사이에 여러 가지의 의미 관계를 가지고 있다. 이 외에도 연동문 고유의 특징을 가지고 있다.

<술어1과 술어2의 의미 관계>

후행 동사나 동사구 술어2는 선행 동사 술어1의 동작의 목적이 된다.

明天我们去机场接你。

내일 우리는 공항에 가서 너를 마중할 것이다.

日本美术家代表团的一员去中国旅行。

일본 미술가 대표단의 일원은 중국에 가서 여행을 한다.

앞뒤로 발생하는 동작을 나타내는데, 뒤의 술어2의 한 동작이 발생할 때 앞의 술어1의 한 동작은 이미 끝난다.

他打开门走了进去。

그는 문을 열고 걸어 들어갔다.

中午我们吃过饭就离开。

점심에 우리는 밥을 먹고 떠났다.

선행 동사나 동사구 술어1은 후행 동사 술어2의 동작의 방식을 나타낸다.

城里人骑自行车上下班。 도시 사람은 자전거를 타고 출퇴근을 한다.
她经常周末坐火车来北京玩。 그녀는 자주 주말에 기차를 타고 북경에 놀러온다.

선행 동사나 동사구 술어1이 긍정의 뜻을 나타내고 후행 동사 술어2가 부정의 뜻을 나타내어, 긍정과 부정의 두 방면으로 하나의 사실을 설명한다.

男女老幼都坐着不动。 남녀노소 모두 앉아서 움직이지 않는다.
大娘紧紧握着我的手不放。 큰어머니는 내 손을 굳게 잡고 놓지 않는다.

술어1의 동사는 "有"로 목적어는 대부분 추상명사가 온다.

他有责任来教育好学生。 그는 학생들을 잘 교육할 책임이 있다.
人们有权利管理自己的国家。 사람들은 자신의 국가를 관리할 권리가 있다.

연동문에서 동사의 중첩 형식은 일반적으로 뒤에 술어2의 동사를 중첩하고 앞에 술어1 동사를 중첩하지 않는다.

我上街买买东西。 나는 거리로 나가 물건을 좀 산다.
*我上上街买东西。

연동문의 첫 번째 동사는 가능보어를 쓸 수 없다.

*我去不了商店买东西。

3) 겸어문

● 정의

겸어문은 한 문장 안에 "술어+목적어" 구조와 "주어+술어" 구조가 함께 하나의 문장을 이루고 있는 문장을 말한다. "술어+목적어" 구조의 목적어가 "주어+술어" 구조의 주어로도 사용되어 이를 "겸어"라고 부르고 겸어를 가지고 있는 문장을 겸어문이라고 한다. 문장의 기본 구조는 다음과 같다.

주어+술어1+목적어1+술어2+(목적어2)

我请他吃一个橙子。

나는 그에게 오렌지 하나를 먹을 것을 청한다.

同事们让他去检查。

동료들은 그에게 검사하러 가라고 한다.

● 겸어문의 문법 특징

〈겸어문의 술어 동사〉

술어1은 일반적으로 "사역"이나 "요구"의 의미를 가진다. 자주 쓰이는 동사는 다음과 같다.

使	叫	让	令	派	逼	请	催
使得	命令	推荐	请求	邀请	号召	要求	警告

局长太太未免使我失望。

국장 아내는 꼭 나로 하여 실망하게 한다.

医生催着他付钱，他就是不付。

의사는 그에게 돈을 내라고 재촉하는데, 그는 지불하지 않는다.

술어1은 "호칭"의 의미를 나타내어 "称, 叫, 称呼" 등의 동사가 사용된다. 이 동사들은 사역의 의미를 가지지 않는다. 술어2의 동사로는 동작을 나타내지 않는 "为", "当", "作" 등이 쓰인다.

人们叫她做当代的保尔。

사람들은 그녀를 그 시대의 폴이라고 한다.

我们可称这种传输为"文化传递"。

우리는 이런 전송을 "문화 전수"라고 부를 만하다.

동사 "是"나 "有"는 주어와 목적어 사이에 관계가 있음을 나타내는 동사인데, 겸어문에서 첫 번째 동사에 "是" 또는 "有"가 쓰여 겸어문을 구성할 수 있다.

总理鼓掌，是他们顾全大局。

총리는 박수를 치는데, 그들은 전반적인 국면을 고려하는 것이다.

有一个人来我家做客。

한 사람이 우리 집에 손님으로 온다.

〈술어 뒤에 시태조사의 사용〉

동사는 시태조사 "了", "着", "过"를 부가하여 동작의 시태를 나타내었는데, 겸어문에서는 일반적으로 첫 번째 동사가 단순히 사역의 의미를 나타내는 동사 "使, 让, 叫, 要, 令"의 뒤에 시태조사 "了", "着", "过"를 부가할 수 없고, 그 외에는 술어1과 술어2 모두 시태조사를 "了", "着", "过"를 부가할 수 있다. 술어 뒤에 시태조사의 사용에 있어 선택성을 가지고 있다.▶

▶ footnote

겸어문의 술어1 뒤에 시태조사 "了, 着, 过"가 올 수 있지만 실제로 실례를 통해 조사해본 결과 시태조사를 사용한 예문은 많지 않다.

他的特殊婚姻，使他吃了不少苦。

그의 특수한 혼인은 그에게 적지 않은 고생을 시켰다.

我们已经选了他去参加代表大会了。

우리는 이미 그가 대표 대회에 참가하러 가기로 선택하였다.

〈술어 앞에 사용하는 부사〉

술어1 앞에는 시간부사 "马上, 立刻, 刚才, 已经, 正在, 将要" 등이 올 수 있어, 시간의 의미를 나타낸다.

我已经派他守夜了。

나는 이미 그를 파견하여 야간 경비를 하도록 하였다.

他马上命令队员们依然躺在原处不动。

그는 즉시 대원들에게 여전히 원 위치에 누워서 움직이지 않도록 명령한다.

〈조동사와 부정부사의 위치〉

조동사와 부정부사는 일반적으로 첫 번째 술어의 앞에 쓰인다.

总理可以分配他做这样那样的事。

총리는 그에게 이런 저런 일을 하도록 분배할 수 있다.

我们没请他参加会议。

우리는 그에게 회의에 참가할 것을 부탁하지 않았다.

〈겸어문 동사 중첩〉

겸어문에서 동사를 중첩하면 일반적으로 두 번째 동사를 중첩한다. 하지만 그 수는 적지만 첫 번째 동사를 중첩하거나 세 번째 나온 동사를 중첩하기도 한다.

我求你替我<u>说说</u>好话。

나는 너에게 나를 대신하여 듣기 좋은 말을 좀 할 것을 부탁한다.

医生让我去<u>看看</u>他。

의사는 나에게 그를 좀 보러 가라고 한다.

我<u>催催</u>她要加紧干，她就着了急。

나는 그녀에게 서둘러 해야 한다고 좀 재촉하니, 그녀는 곧 조급해졌다.

4) 존현문

• 정의

존현문은 어떤 장소와 시간에 어떤 상태가 존재하거나 혹은 출현하는 것을 나타내고, 또는 어떤 사물이 사라짐을 나타내는 문장이다.

池里游着两只小鸭。 연못 안에 두 마리의 아기 오리가 헤엄쳐 다니고 있다.

膝头上爬着一个五六岁的孩子。 무릎 위에 한 대여섯 살 된 아이가 기고 있다.

七号监狱跑了一个犯人。 7호 감옥에서 범인 한 명이 도망갔다.

• 존현문의 문법 특징

문장의 주어로 일반적으로 장소를 나타내는 말이 오고 때로 시간을 나타내는 말이 오기도 한다. 보통 "보통명사+방위명사"로 이루어진 구가 사용되는데, 주어의 앞에는 일반적으로 장소를 나타내는 개사 "在"나 "从"을 쓰지 않는다. 개사를 쓰지 않아도 문장의 구조와 의미에 영향을 주지 않는다.

> **footnote**
>
> 존재문에서 장소를 나타내는 주어 앞의 개사 "在"는 일종의 새로 생긴 형식으로, 대부분 문자를 번역하는 것으로부터 점차적으로 전파해온 형식으로, 회화에서 늘 장소를 나타내는 명사 앞에는 어떤 개사도 붙이지 않는데 옛 백화소설이 이와 같다고 하였다. 개사를 생략하여도 문장의 구조와 의미에 영향을 미치지 않는다.(朱德熙(1999:282-298) 참고)

床上躺着三个人。

침대 위에 세 사람이 누워 있다.

草叶上挂着一珠珠鲜红的血。

풀잎 위에 선홍색의 피가 알알이 맺혀 있다.

那年夏天来了一个剧团。

그 해 여름 한 극단이 왔다.

존현문에서 주로 "존재"의 의미를 나타내는 문장은 모두 사물이 일정한 장소에 부착되거나 어떠한 상태에 처해 있어 "지속"의 의미를 가지므로 동사 뒤에는 자주 시태조사 "着"를 부가한다. 술어 동사는 정지 상태를 만드는 수단이나 방식의 의미를 나타낸다.

桌子上放着一盒糖。

책상 위에 사탕 한 상자가 놓여 있다.

墙角靠着一把折叠椅。

벽 모서리에 접이 의자가 하나 기대어져 있다.

존현문에서 술어가 "출현"이나 "소실"의 의미를 나타내면, 동사는 대부분 사물의 출현이나 소실과 깊은 관련이 있다. 출현이나 소실은 동작이 이미 실현되어 완료된 동작을 나타내므로 동사의 뒤에 시태조사 "了"가 자주 온다.

家里丢了一台彩电。

집에 컬러텔레비전 한 대를 잃어버렸다.

昨天发生了一件大事。

어제 큰 일이 하나 일어났다.

존현문의 목적어는 일반적으로 "수사+양사+명사" 구조로 이루어진 명사구이다. 목적어 앞에는 대부분 수량사가 관형어로 쓰이며 한정되지 않는 사물이나 사람이 사용된다.

窗上挂着一个布条儿。

창문에 천 조각 하나가 걸려 있다.

门口走进来一个人。

입구에 한 사람이 걸어들어 온다.

＊门口走进来那个人。

1. 다음 문장에서 틀린 곳을 고치시오.

(1) 陈大娘的亲戚送给15只大螃蟹她。

(2) 爸爸对我们教一个简单的方法。

(3) 她的南农大的一位同学告诉她的一个信息。

(4) 过了几天，公司给他通知上班。

(5) 有时去李老图书馆找资料。

(6) 几位朋友到机场我。

(7) 她戴帽子吃晚饭。

(8) 现在我请在这里你签个字。

(9) 总理分配他可以做这样那样的事。

(10) 在他生日那天，他请了很多朋友家里做客。

(11) 这一句话就让他们能哭半天。

(12) 门口走进那个人来。

(13) 从他们家跑了一只猫。

(14) 在天上飞来一只长着羽毛的鸟。

(15) 桌上放糖，椅子上堆衣服。

(16) 昨天发生一件大事，让我改变了主意。

제22장

비교문

1. 정의

비교는 두 사람과 사물이나 두 가지가 넘는 사람과 사물에 대하여 **비교**하거나 똑같은 사물의 서로 다른 시기에 대하여 비교하는 문장을 비교문이라고 한다. 일반적으로 A, B 두 개의 대상을 비교하게 되면 양자가 서로 차이가 있거나 혹은 같다. 혹은 A, B가 거의 같은 정도인 것을 나타낸다.

2. 분류

자주 쓰이는 비교 형식은 比 비교문, 跟 비교문, 有 비교문 등이 있다.

1) 比 비교문

• 정의

개사 "比"를 사용하여 다른 사람이나 사물과 성질이나 정도의 차이를 비교하는 문장이다.

• 형식

기본 형식은 "A+比+B+술어+비교 차이"로 그 술어는 형용사, 형용사구, 동사, 동사구 혹은 주술구가 사용된다.

你比我近。 너는 나보다 가깝다.

他比我大一岁。 그는 나보다 한 살이 많다.

• 比 비교문의 여러 용법

〈A+比+B+还/更+술어〉

比 비교문의 기본 형식에서 정도가 한층 더해짐을 나타낼 때 술어 앞에 "还", "更"의 말을 붙여서 "A+比+B+还/更+술어"의 형식으로 사용한다. 하지만 "还", "更" 이외에 다른 정도부사 "很", "非常", "最", "特别" 등은 술어 앞에 사용할 수 없다.

비교의 결과 앞에 붙는 말은 정도가 한층 더 심화된 말이 와야 하므로 정도가 일반적이지 않음을 나타내는 정도부사는 올 수 없다.

他的话比我还多。 그는 나보다 말이 더 많다.

我的投资比你还要低。 나는 너보다 투자가 더 낮다.

表现出来的心态比我更年轻。 표현한 심리 상태는 나보다 더 젊다.

*刘斌比我非常高兴。

〈A+比+B+술어+보어〉

이러한 比 비교문의 술어는 형용사가 사용되며 그 뒤에 보어로 "一些", "多了", "远了", "得多", "一点儿" 등의 말을 사용한다.

他比我还小一些。 그는 나보다 좀 더 어리다.

今天他所吃到的饭菜比昨天差多了。

오늘 그가 먹은 반찬은 어제 보다 훨씬 형편없다.

我今天还在流血, 不过比昨天少了一点。

나는 오늘 아직 피를 흘리지만 어제보다 좀 줄었다.

〈A+比+B+술어+수량보어〉

　형용사 술어 뒤에 수량보어를 사용하여 구체적 차이를 나타내는데, 이러한 술어로 사용되는 것은 "早", "晚", "多", "少", "高", "低", "贵", "便宜", "厚", "薄"······ 등이다.

> 他比你大<u>八九岁</u>。
>
> 그는 너보다 여덟아홉 살 많다.
>
> 他的笔记本电脑比我的贵<u>两百块钱</u>。
>
> 그의 노트북은 내 것보다 200원 비싸다.
>
> 日本今年7月头3周的平均温度比去年高<u>3度</u>。
>
> 일본은 올해 7월 3주의 평균온도가 작년보다 3도 높다.

〈A+比+B+술어+(得)+정도보어〉

　이 比 비교문의 술어 동사로 일반동사가 쓰이면, 뒤에는 형용사로 충당하는 정도보어가 쓰이며, 이 정도보어에는 "一点儿", "一些", "多了", "得多"가 함께 사용되기도 하나 구체적 차이를 나타내는 수량사를 붙일 수 없다.

> 你的手比我快<u>得多</u>。
>
> 너의 손은 나보다 많이 빠르다.
>
> 您比我来得<u>晚一点儿</u>。
>
> 당신은 나보다 좀 늦게 온다.
>
> 妈妈相信你这次一定比上次考得<u>好</u>。
>
> 엄마는 네가 이번에 반드시 지난번 보다 시험을 잘 볼 거라고 믿는다.

〈A+比+B+多/少/早/晚/先……+술어+수량보어〉

동사 술어 앞에 "多/少/早/晚/先……" 등이 오면 술어 뒤에 수량보어를 사용하여 구체적 차이를 나타낸다.

我比你先行了一步。　나는 너보다 한 걸음 먼저 갔다.

我比他晚生三十多年。　나는 그보다 30여 년 늦게 태어났다.

三所的学生比我早来几年。　세 곳의 학생이 나보다 몇 년 일찍 왔다.

• 比 비교문의 생략

"比"의 앞뒤로 나오는 두 비교 대상은 반드시 동일한 종류의 사물이어야 한다. 서로 같은 단어의 성질이나 속성 및 구 구조를 가지고 있어야 한다. 그래서 "比"의 앞뒤로 비교 대상 가운데 서로 같은 부분이 있기도 한데, 문장의 원뜻을 바꾸지 않는 전제하에 서로 같은 일부분을 생략할 수 있다.

比 비교문의 A, B 두 항이 모두 "명사/대명사+的+중심어" 형식으로 중심어가 서로 같으면 B의 중심어를 생략할 수 있다.

那时他的车比我的好。

그때 그의 차는 내 것보다 좋았다.

对前途他今天的态度比昨天的乐观些。

미래에 대해 그는 오늘의 태도가 어제보다 좀 낙관적이다.

他的驾驶技术不比我的高明。

그의 운전 기술은 나보다 훌륭하지 않다.

今年接待游客比去年多了一倍。

올해 방문객은 작년보다 한 배 많아졌다.

比 비교문의 A, B 두 항이 중심어가 같지 않고 관형어가 서로 같으면 B의 관형어를 생략한다. 관형어 뒤의 조사 "的"도 같이 생략한다.

> 我的讲话比(我的)文章好。　내가 말하는 것이 문장보다 좋다.
> 他的剑比(他的)声音更快。　그의 칼은 소리보다 더 빠르다.

比 비교문의 A, B 두 항이 관형어의 일부분과 중심어가 서로 같으면 A나 B의 서로 같은 부분을 생략할 수 있다. 관형어 뒤의 조사 "的"도 같이 생략한다.

> 今年(的成绩)比去年的成绩好。　올해는 작년의 성적보다 좋다.

• 比 비교문의 부정

比 비교문의 부정은 "没有"를 사용하여 부정문을 만든다. 부정사 "不"를 사용하여 부정하면 "不比"의 형식으로 그 뜻은 "A는 B와 비슷하다"의 의미를 나타낸다.

> 你的货没有他的钱多。
>
> 당신의 물건은 그의 돈만큼 많지 않다.
>
> 谁也没有我那么了解您。
>
> 누구도 저만큼 그렇게 당신을 이해하지 못한다.
>
> 她今天晚上没有昨天晚上那么强健。
>
> 그녀는 오늘 저녁 어제 저녁만큼 그렇게 강건하지 않다.
>
> 我不比你高大多少。
>
> 나는 너보다 얼마 높고 크지 않다.

2) 跟 비교문

● 정의

두 사람이나 사물의 성질이나 속성이 같음과 다름을 나타낸다.

● 형식

이 비교문의 형식은 크게 세 가지이다. 첫째, "A+跟+B+一样"으로 개사 "跟"은 "和", "同"과 바꾸어 사용할 수 있다. 둘째는, "一样"이 형용사 앞에 나와서 "A+跟+B+一样+형용사" 형식에서 부사어로 사용될 수 있다. 셋째는 "一样"이 명사 앞에 나와서 "A+跟+B+一样+的+명사" 형식으로 관형어로 사용된다.

北方和南方一样。

북방은 남방과 같다.

你和我父亲一样高。

너는 나의 아버지와 똑같이 키가 크다.

这是与我们中国很不一样的地方。

이것이 우리 중국과 매우 다른 점이다.

● 구조 특징

완전히 같음을 나타낼 때는 부사 "完全"을 "一样" 앞에 쓸 수 있고, "差不多", "几乎", "不太"와 같은 말을 "一样" 앞에 붙이기도 한다.

结果和考试题目几乎完全一样。

결과는 시험제목과 거의 완전히 같다.

意思和我所讲的差不多一样嘛。

뜻은 내가 말한 것과 거의 같아.

부정은 "不"로 "一样"을 부정하여 나타낸다. "不"를 "跟" 앞에 위치하여 "不跟"의 형식으로 "跟"을 부정해서는 안 되며, 부정부사 "不" 대신 "没"를 사용해서도 안 된다. "不"의 앞에 부사 "完全", "根本" 등을 놓아 완전히 다름을 나타낼 수 있다.

人们的主观态度可能不一样。

사람들의 주관적인 태도는 아마 다를 것이다.

中国人和西方人的思维方式不一样。

중국 사람은 서방 사람의 사유방식과 다르다.

他看事物同我们看事物完全不一样。

그가 사물을 보는 것은 우리가 사물을 보는 것과 완전히 다르다.

*传说不和神话一样。

의문문은 어기조사 "吗"를 문장 맨 뒤에 써서 나타내거나, "一样"과 "不一样"을 나란히 놓는 정반의문문을 사용하여 만든다.

我跟他能一样吗?

나는 그와 같을 수 있을까?

现在和当初还一样吗?

지금은 맨 처음과 아직 같아요?

你看它俩到底一样不一样?

너는 그 두 개가 도대체 같아 보여 다르게 보여?

3) 有 비교문

• 정의

有 비교문은 A가 B의 정도에 도달함을 나타내는 문장이다. "A는 B만큼~하다"라는 의미를 나타낸다.

• 형식

비교분의 형식은 "A+有+B+(这么/那么/这样/那样······)+형용사"로서, 형용사 앞에는 자주 "这么", "那么", "这样", "那样" 등의 대명사를 덧붙이고, 경우에 따라 생략하기도 한다.

牛有我这样大么?

소는 나만큼 이렇게 큽니까?

我要有你这么漂亮。

나는 너만큼 이렇게 예쁘고 싶다.

她的妈有我这么美吗?

그녀의 엄마는 나만큼 이렇게 예쁘니?

您能有他那么温存体贴，善解人意吗?

당신은 그만큼 그렇게 다정다감하고, 이해심이 많을 수 있나요?

• 구조 특징

有 비교문을 부정할 때에는 부정부사 "没"를 사용하여 부정을 나타낸다.

别人没有我这样 "运气"。　다른 사람은 나만큼 이렇게 운이 없다.

27岁的刘光才没他那么轻松。　27세의 리우광이야말로 그만큼 그렇게 수월하지 않다.

你的孩子没有我的孩子爱哭。　너의 아이는 나의 아이만큼 잘 울지 않는다.

4) 不如 비교문

• 정의

不如 비교문은 "不如"를 사용하여 A가 B의 정도에 도달하지 못함을 나타내는 문장이다. "A가 B만 못하다" 또는 "A가 B만큼 ~못하다"라는 의미로 사용된다.

• 형식

不如 비교문은 "A+不如+B" 형식으로 술어가 없거나 "A+不如+B+(这么/那么)+술어"의 형식으로 술어가 있는데, 술어로는 "好, 高, 大, 漂亮, 清楚, 流利" 등의 형용사가 많이 사용된다.

他不如我胖。

그는 나만큼 뚱뚱하지 못하다.

我们的确不如他们。

우리들은 확실히 그들만 못하다.

我的钱不如他们多。

나는 그들만큼 돈이 많지 않다.

也许我不如你唱得好。

아마 나는 너만큼 노래를 잘 부르지 못한다.

他们在很多方面还不如你呢!

그들은 여러 방면에서 아직 너보다 못하다!

5) 像 비교문

• 정의

像 비교문은 동사 "像"을 사용해서 A가 B의 표준에 도달했음을 나타낸다. "A는 B처럼 ~하다"라는 의미를 나타낸다.

• 형식

형식은 "A+像+B+(这么/这样/那么/那样)+술어"로서 술어의 앞에 대명사 "这么"나 "那么"를 자주 사용한다.

女生像我这么好。

여성은 나 같이 이렇게 좋다.

我喜欢像你这么英俊的男人。

나는 너 같이 이렇게 잘생긴 남자를 좋아한다.

• 구조 특징

2.5.3.1 "像"의 부정은 부정부사 "不"를 사용하여 부정문을 만든다.

文化的传输不像倒水。

문화의 전송은 물을 따르는 것과 같지 않다.

他们不像你讲的那么坏。

그들은 네가 이야기한 것 같이 그렇게 나쁘지 않다.

事情并不像他想象的那么简单。

일은 결코 그가 상상한 것 같이 그렇게 간단하지 않다.

6) "越来越……, 越……越……" 비교문

• 정의

"越来越……" 비교문은 한 사물의 서로 다른 시간에 대한 비교를 나타내는데, 정도가 시간의 경과에 따라 심해짐을 나타낸다. "越……越……"는 한 사물의 서로 다른 조건에 대한 비교를 나타낸다. 조건에 따라 정도가 심해짐을 나타낸다.

• 형식

형식은 다음과 같이 두 가지로 나누며, 실례를 들면 다음과 같다.

越来越+동사/형용사+(了)

越+동사/형용사, 越+동사/형용사

> 许多问题看得越来越清楚了。
>
> 많은 문제는 점점 더 분명하게 보였다.
>
> 教育与经济的关系越来越密切。
>
> 교육과 경제의 관계는 점점 더 밀접해지고 있다.
>
> 睡懒觉让人越睡越累。
>
> 늦잠을 자는 것은 사람으로 하여금 잘수록 점점 더 피곤하게 한다.

• 구조 특징

이 비교문은 형용사가 정도가 더 깊어져서 이전보다 정도가 더욱 높다는 의미를 나타내, 형용사는 정도를 나타내는 말의 수식을 받지 않는다. 그리고 "越来越……" 비교문이 상황이나 상태가 발전하고 변화하는 의미를 나타낼 때는 문장 끝에 "了"가 온다.

> 我们公司发展越来越好了。
>
> 우리 회사는 점점 더 잘 발전하고 있다.
>
> 冬至过后，白天就越来越长了。
>
> 동지가 지난 후에 낮이 점점 더 길어졌다.
>
> 几种食物让你越吃越胖。
>
> 몇 가지 음식물은 네가 먹을수록 살이 찐다.
>
> *我学习成绩越来越很好。　*男朋友越看越喜欢级了。

1. 다음 문장에서 틀린 곳을 고치시오.

(1) 今年冬天比去年冷很多了。

(2) 所有的姑娘都比我的个子太高!

(3) 现在一切都正常了，以前一样。

(4) 她今天晚上比昨天晚上不强健。

(5) 我要走了，还是比你走先一步。

(6) 对前途他今天的比昨天的态度乐观些。

(7) 他上学的时间比我上班的时间非常早。

(8) 她现在一天说的话比以前一个月说的话很多。

(9)　书房的情况比大家想的很糟。

(10)　你的想法比我的想法很一样。

(11)　我的兴趣不跟你们一样。

(12)　这部同名电影，和书的一样内容。

(13)　我的心灵跟你一样地丰富，我的心跟你一样地充实。

(14)　你的习惯和你的母亲很一样。

(15)　收音机的价格也越来越便宜多了。

(16)　统计数据表明，地球上的人越来越长得高。

연습 문제
답안 해설

(1) 월, 일을 나타낼 때 월은 "月"를 쓰고, 일은 "号"나 "日"를 사용한다. 1月6天은 1月6号 또는 1月6日로 고쳐야 한다.

(2) "上海"는 지명을 나타내기 때문에 방위명사 "里"와 함께 사용할 수 없다. 따라서 "上海里"의 "里"를 삭제해야 한다.

(3) 수사와 명사는 함께 사용할 수 없고 수사와 명사의 시이에는 양사가 있어야 한다. 따라서 "一"와 "信"의 사이에 양사 "封"을 쓴다.

(4) 명사는 부사의 수식을 받지 않는데, 작은 범위의 의미를 나타내는 "光"은 명사가 주어로 쓰인 단어 앞에 사용될 수 있다. 맞는 문장이다.

(5) 과거의 일이라고 해서 "是" 뒤에 시태조사 "过"를 사용할 수 없다. "过"를 삭제한다. 그리고 올해, 금년은 "这年"이 아니라 "今年"이다.

(6) 명사가 출생지를 나타내는 말은 술어로 사용될 수 있다. 맞는 문장이다.

(7) "方方面面"이 부사어로 쓰였는데, 의미적으로 어울리지 않는다. 목적어의 관형어로 쓰여 "方方面面的支持"로 사용되어야 문장이 성립한다.

(8) "纽约"는 지명이므로 방위명사 "里"와 함께 사용할 수 없다. 따라서 "纽约里"의 "里"를 삭제해야 한다.

(9) "三位"는 복수를 나타내는 말이기 때문에 그 뒤에 오는 "老师们"에서 복수를 나타내는 "们"을 삭제해야만 한다.

(10) "经验"은 명사로 목적어를 가질 수 있는 기능이 없다. 따라서 "经验"을 "경험하다"의 뜻을 가진 동사 "经历"로 바꾸면 문장은 성립한다.

(11) "恩情"은 명사이므로 정도부사 "很"의 수식을 직접 받을 수 없다. 따라서 "很有恩情"으로 동사 "有"를 사용하여 추상명사 "恩情"을 목적어로 사용한다.

(12) "愿望"은 명사이므로 목적어를 가질 수 없다. 따라서 동사 "愿意"로 바꾸어 목적어를 가질 수 있게 하면 문장은 성립한다.

(13) "爱情"은 명사이므로 동사로 사용될 수 없다. 따라서 동사 "爱"로 바꾸면 문장은 성립한다.

(14) "刚才"는 부사, 명사 기능으로 "방금, 아까"의 의미를 나타낸다. 여기에서는 부사인 "막"의 의미를 나타내는 "刚刚"이 더 적합하다.

(15) "以前"은 시간명사이므로 술어의 앞에 와야 한다.

4장

::: 동사 :::

(1) "点头"는 "술어+목적어"의 이합동사 형식으로 완료 의미의 "了"를 사용하면 "A了AB"
　　형식으로 "点了点头"가 된다.

(2) 병렬 관계 접속사 "一边……, 一边……"은 동작이 동시에 진행하는 것을 나타내는데,
　　동사를 중첩할 수 없다.

(3) "打算"은 동사구를 목적어로 가지는 동사이기 때문에 그 뒤에 명사구를 가질 수 없
　　다. 따라서 "我们打算去天津旅游一次。"로 고쳐야만 한다.

(4) "进行"은 동사나 동사구를 목적어로 가지는 동사인데, 이 문장의 목적어는 "晚会"로
　　명사이다. 따라서 "进行"과 함께 사용할 수 없다. "晚会"와 함께 사용할 수 있는 "举
　　行"으로 바꾸어 "举行一次晚会"로 고쳐야 한다.

(5) "了"는 동작의 완료를 나타내는 시태조사로 동사의 중첩 뒤에 사용할 수 없다. 다만,
　　"了"를 동사 중첩의 사이에 놓아 "A了A"의 형식으로 사용할 수 있다.

(6) 동사가 목적어로 사용되면 동사를 중첩할 수 없다. 따라서 "进行讨论"으로 문장을
　　고쳐야 한다.

(7) "出差"는 이합동사이므로 뒤에 목적어를 가질 수 없다. 따라서 이 문장은 "要去南方
　　出差"로 바꾸어야 한다.

(8) "正在"는 시간부사로서 동작이 마침 진행하고 있음을 나타내므로 동사 중첩과 함께
　　사용할 수 없다. 이 문장은 "正在学习"로 "学习"를 하나 삭제하여야 한다.

(9) "知道"는 정도부사의 수식을 받을 수 없는 동사이기 때문에 정도부사 "太"를 사용하
　　면 문장이 성립하지 않는다. 따라서 정도부사의 수식을 받을 수 있는 심리 활동을 나
　　타내는 동사인 "了解"로 바꾸어 문장을 고쳐야 한다.

(10) "散步"는 이합동사이므로 술어 부분만 중첩이 되어 "AAB"형식으로 중첩이 되어야
　　　한다. 따라서 "散步"는 "散散步"로 중첩이 되어야 한다.

(11) "送行"은 목적어를 가질 수 없는 동사이므로 그 뒤에 목적어 "她朋友"가 올 수 없
　　　다. "送行"을 "送"으로 바꾸거나 개사로 목적어를 이끌어 "为她朋友送行"으로 고친다.

(12) "毕业"는 목적어를 가질 수 없는 동사이므로 "北京师范大学"는 "毕业"의 뒤에 놓일 수 없다.

(13) "过"는 과거의 경험을 나타내는 시태조사로 술어의 뒤에 위치해야 하므로 "打"의 뒤에 놓여서 "打过乒乓球"로 사용되어야 한다.

(14) "睡觉"는 이합동사로서 시량보어 "多长时间"은 술어와 목적어의 사이에 들어가야 한다.

(15) "旅行"은 목적어를 가질 수 없는 동사이므로 "去过很多地方旅行"으로 고쳐야 한다.

(16) 쌍음절 동사 AB의 중첩 형식 사이에 "一"를 넣을 수 없다. 따라서 "考虑一考虑"의 "一"를 삭제한다.

::: 조동사 :::

(1) 개사 "向"는 조동사의 뒤에 위치해야 하므로 "应该向她"로 어순을 바꾸어야 한다.

(2) 겸어문에서 조동사는 첫 번째 동사의 앞에 온다. 따라서 "会"는 "请"의 앞에 와야 한다.

(3) 조동사의 뒤에는 시태조사 "了"가 올 수 없다. 따라서 조동사 뒤에 있는 시태조사 "了"를 삭제한다.

(4) 조동사는 중첩을 할 수 없으므로 "可以"를 하나 삭제한다.

(5) "能"은 부정부사 "没"로 부정할 수 있으므로 맞는 문장이다.

(6) 조동사의 의문문은 조동사의 긍정형과 부정형을 나란히 놓는 형식으로 나타낸다. 따라서 조동사를 "能不能来"로 고쳐야 문장이 성립한다.

(7) 처음으로 어떤 동작이나 기능을 익혔을 경우에 조동사 "会"를 사용한다. 조동사 "可以"를 "会"로 바꾸어야 한다.

(8) 능력이 있어 비교적 높은 정도와 수준에 이르렀음을 나타낼 때는 조동사 "能"을 사용한다. 조동사 "会"를 "能"으로 고쳐야 한다.

(9) 어떤 능력을 회복할 수 있음을 나타낼 경우엔 조동사 "能"만 사용이 가능하므로 "会"를 "能"으로 고쳐야 한다.

(10) "장차~하려고 하다"나 "곧~하다"의 의미를 나타낼 때는 조동사 "要"를 사용한다. "可以"를 "要"로 고쳐야 한다.

(11) 조동사의 뒤에는 시태조사를 붙일 수 없다. 조동사 "会" 뒤에 "着"를 삭제한다.

(12) 연동문에서 조동사는 첫 번째 동사의 앞에 온다. 따라서 이 문장에서 조동사 "可以"

는 첫 번째 동사인 "去"의 앞에 가야 한다.

(13) 조동사의 의문문은 조동사의 긍정 형식과 부정 형식을 나란히 놓는 형식을 사용하여 나타낸다. 이 문장은 "愿不愿意"로 고쳐야 한다.

(14) 조동사의 목적어는 동사구가 와야 한다. 따라서 "家务"의 앞에 동사 "做"를 붙여서 사용해야 한다.

(15) "能"은 술어로 사용할 수 없기 때문에 술어로 사용할 수 있고 의미가 동일한 조동사 "可以"로 바꾸어야 한다.

(16) 문장의 의미는 "곧~하다"의 의미로 "快要……了" 구문을 사용하여 나타내는 것이 적절하다. 따라서 "得"를 "要"로 고쳐야 한다.

5장 형용사

(1) "满意"는 형용사로 목적어를 가질 수 없다. 따라서 "自己的分数"를 개사로 이끌어 "对自己的分数满意"로 고쳐야 한다.

(2) 형용사는 술어로 사용되므로 동사 "是"를 술어로 또 사용할 필요가 없다. 따라서 동사 "是"를 삭제한다.

(3) 문제 (2)번과 같은 유형의 문제이다. 동사 "是"를 삭제한다.

(4) 형용사를 중첩하면 의미의 정도가 강화되므로 그 앞에 정도부사를 붙일 수 없다. 따라서 정도부사 "非常"을 삭제한다.

(5) 형용사가 정반의문문의 형식으로 의문문을 나타내고 있어 의문 어기조사 "吗"를 또 붙일 수 없다. 조사 "吗"를 삭제한다.

(6) 형용사가 부사어로 사용될 때 부사어가 동작자를 묘사한다면 형용사 뒤에 "地"를 반드시 붙여야 한다. 형용사 "激动"을 "激动地"로 고쳐야 한다.

(7) "通红"은 상태형용사로서 정도부사의 수식을 받을 수 없다. 따라서 정도부사 "特别"를 삭제한다.

(8) (4)번과 동일한 유형의 문제로 형용사 중첩 "糊里糊涂"의 앞에 있는 정도부사 "十分"을 삭제한다.

(9) 문제 (1)번과 동일한 유형으로 형용사 "友好"는 목적어를 가질 수 없다. 따라서 "我"를 개사로 이끌어 "对我友好"로 고쳐야 문장이 성립한다.

(10) 형용사의 부정은 부정부사 "不"로 한다. "没便宜"를 "不便宜"로 고쳐야 한다.

(11) 형용사가 술어로 쓰일 때 단독으로 사용할 수 없다. 형용사가 다른 사람, 사물과 비교나 대조의 의미로 쓰이는 경우 이외에는 형용사 앞에 정도부사 "很"을 자주 붙여 사용한다. 따라서 "很有名, 很重要"로 고쳐야 한다.

(12) 형용사 "方便"은 중첩을 할 수 없는 형용사이다. 따라서 "方方便便"을 "很方便"으로 고쳐야 한다.

(13) 문제 (12)번과 동일한 유형이 문제로 형용사 "美丽"는 중첩할 수 없는 형용사이다. 따라서 "美美丽丽"를 "很美丽"로 고쳐야 한다.

(14) "土里土气"는 형용사 중첩으로 정도부사의 수식을 받을 수 없다. "很"을 삭제한다.

6장 대명사

(1) 화자 쪽만을 가리키므로 "我们"을 사용해야만 한다. "咱们"을 "我们"으로 고쳐야만 한다.

(2) "讨论来讨论去"는 혼자서 하는 동작이 아니고 여러 명이 긴 시간 동안 동작을 여러 번 하는 것이다. "自己"를 "大家"로 고쳐야 한다.

(3) "羊肉"는 3인칭 사물로서 이것을 대신하여 받을 때는 대명사 "它"를 사용한다. "他"를 "它"로 고쳐야 한다.

(4) 과거의 그때를 나타낼 때에는 "那会儿"를 사용해야 한다. "这会儿"을 "那会儿"로 고친다.

(5) 지시대명사가 "수량사+명사"를 한정하는 경우인데, 명사의 앞에 양사가 있어야 하므로 "这日子"는 "这个日子"로 고쳐야 한다.

(6) "这么"는 동사나 형용사의 앞에서 부사어로 주로 "정도"나 "방식"을 나타낸다. 이 문장에서는 "天气"를 수식하는 관형어가 사용되어야 하므로 "这么"를 "这样"으로 고쳐야 한다.

(7) "什么"는 술어로서 사용될 수 없다. "怎么"는 술어로 사용할 수 있기 때문에 "怎么"의 뒤에 "了"를 붙여 술어로 사용해야 한다.

(8) "怎么了"는 술어로 사용될 수 있지만 보어로는 사용될 수 없다. "怎么了"를 "怎么样"으로 고쳐야 한다.

(9) 일이 어떻게 된 것인지 이유를 묻는 문장이므로 "什么"를 "怎么"로 고쳐야 한다.

(10) "容易"를 수식해주는 부사어가 와야 하므로 "怎样"을 "这么"로 고쳐야 문장의 의미가 알맞게 된다.

(11) 문장의 의미상 "그다지 맛이 있지 않다"로 바뀌어야 하므로 "不什么"를 "不怎么"로 고쳐야 한다.

(12) 어떤 옷이 좋으면 그 옷을 사겠다는 것으로 "什么"를 "哪"로 고쳐서 사용해야 한다.

(13) "怎么样"은 문장의 술어나 보어로 쓰이므로 "说"의 앞에서 부사어로 사용될 수 있는 대명사 "怎么"로 고쳐야 한다.

(14) "哪里"는 장소를 나타내는 대명사이므로 내용을 나타내는 "什么"로 고쳐야 내용이 알맞게 고쳐진다.

7장 수사

(1) 소수 뒷부분은 자리수를 읽지 않고 수만을 읽기 때문에 358.0092은 "三百五十八点零零九二"로 읽어야 한다.

(2) 분수가 정수가 앞에 있는 대분수의 경우에는 "정수 又 분모 分之 분자"로 읽어야 한다. "五又二分之一"로 고쳐야 한다.

(3) 숫자가 연속으로 사용된 개수는 일반적으로 작은 수에서 큰 수로 나열하기 때문에 "六五个人"은 "五六个人"으로 고쳐야 한다.

(4) 책을 10권보다 많이 샀으므로 "十本来书"를 "十多本书"로 고쳐야 한다.

(5) 수의 끝이 "0"으로 끝나지 않았으므로 "수사+양사+多+명사"의 어순으로 사용하여야 한다. 따라서 "25公里多路"로 고쳐야 한다.

(6) "左右"는 명사의 뒤에 쓸 수 없기 때문에 "左右"를 "前后"로 고쳐야 한다.

(7) "半"은 수량사와 명사의 사이에 들어가서 사용되어야 맞다. 따라서 이 문장은 "一个月半"을 "一个半月"로 고쳐야 한다.

(8) 어제 80벌의 옷을 팔고 오늘은 20벌의 옷을 팔았기 때문에 감소한 판매량은 3/4이 아니라 1/4이다.

(9) 첫 번째 과는 "第"를 사용하는 서수이므로 "一课"를 "第一课"로 고쳐야 한다.

(10) 1층은 "第"를 사용하지 않는 서수이므로 "第一楼"를 "一楼"로 고쳐야 한다.

(11) 8근이 좀 넘는 것을 어림수로 표현하려면 "수사+양사+多+명사"의 어순으로 나타내야 한다. 따라서 "8多斤香蕉"를 "8斤多香蕉"로 고쳐야 한다.

(12) 수의 끝이 "0"으로 끝나는 경우 "수사+来+양사+명사"의 어순으로 나타내야 한다. 따라서 "30里来路"를 "30来里路"로 고쳐야 한다.

(13) 수의 끝이 "0"으로 끝나지 않는 경우 "수사+양사+多+명사"의 어순으로 사용하여야 한다. 따라서 "12个来小时"는 "12个多小时"로 고쳐야 한다.

8장 양사

(1) "船"처럼 얇고 긴 것을 나타내는 명사 앞에는 "辆"이 아니라 "条"를 사용한다.

(2) "床"처럼 평면이 있는 물체의 앞에는 "张"을 사용하고 "椅子"처럼 손잡이가 있는 사물 앞에는 "把"를 사용한다.

(3) 자금을 나타내는 말 앞에는 "块"가 아니라 "笔"가 사용된다.

(4) 꽃송이 모양의 사물 앞에는 "朵"가 사용된다.

(5) 평평하거나 평면이 있는 물체에는 "张"을 사용한다. "一片嘴"를 "一张嘴"로 바꾸어야 한다.

(6) 둥근 알맹이 모양의 과립물에는 "颗"를 사용해야 한다. "一条珍珠"를 "一颗珍珠"로 바꾸어야 한다.

(7) 덩어리로 된 물건 앞에는 "块"를 사용해야 한다.

(8) 기계를 나타내는 명사 앞에는 "台"를 사용하지만 "电话"의 앞에는 "部"를 사용한다.

(9) 크고 고정된 물건 앞에는 "座"를 사용한다. "一所大山"를 "一座大山"으로 고쳐야 한다.

(10) 쌍을 이루어 사용하는 물건의 앞에는 "双"을 사용하고, 짝이 되는 사물이 쌍을 이룬 사물 앞에는 "对"를 사용한다. "两对高跟鞋和一双耳环"을 "两双高跟鞋和一对耳环"으로 고쳐야 한다.

(11) 부정양사 "一些"는 술어의 뒤에서 보어로 사용된다. 따라서 "一些"를 술어의 뒤에 놓아 "作一些探讨"로 사용해야 된다.

(12) "手套" 같이 한 벌을 이루는 사물 앞에는 집합양사 "副"를 사용한다.

(13) 무더기로 있는 다수의 사람을 나타낼 때에는 "批"를 사용한다. "伙"는 악당이나 깡패가 무리를 이루는 것에 사용한다.

(14) 동작이 시작하여 끝나는 모든 과정을 나타낼 때는 동량사 "遍"을 사용한다.

(15) "研究"는 힘을 많이 들이거나 과정이 길어 시간이 걸리는 동작으로 이러한 경우에는 동량사 "番"을 사용한다.

(16) 오고 가는 왕복의 동작을 세는데 사용하는 동량사는 "趟"이다. "一回"를 "一趟"으로 고쳐야 한다.

9장 부사

(1) 부사는 일반적으로 술어의 앞에서 수식하거나 한정하므로 부사 "马上"은 주어 뒤에 술어의 앞으로 옮겨야 한다. "他马上就要……"로 고쳐야 한다.

(2) 부사 "再"는 술어의 앞에 와야 하는데, 술어 앞에 개사구가 있으면 부사는 개사구의 앞에 위치한다. "老师再给我讲一遍"으로 고쳐야 한다.

(3) 술어 앞에 조동사가 있으면 부사는 그 앞에 위치한다. 부사 "经常"을 조동사 "会"의 앞에 놓는다.

(4) "共"은 부사로서 역시 술어 앞에 위치해야만 한다. "全书共有六章"으로 고쳐야 한다.

(5) 문장 가운데 "每"가 있으면 일반적으로 뒤에 "都"와 함께 사용된다. 행위를 함께 하는 것을 나타낸다. 따라서 "每天我都……"로 고쳐야 한다.

(6) "常常"은 빈도부사로 일상적인 상황을 나타내는데 "他们"을 포함하고, "都"는 범위부사로서 술어의 앞에 와야 한다. 따라서 "常常他们都难以……"로 고쳐야 한다.

(7) "刚刚"은 시간부사로서 술어의 앞에 놓여야 한다. 따라서 "刚刚有了……"로 고쳐야 한다.

(8) 부사 "才"는 술어의 앞에 와야 한다. 따라서 "他才回去……"로 부사의 위치를 고쳐야 한다.

(9) "写过"는 과거의 경험을 나타내므로, 경험의 부정은 "不"가 아니라 "没"로 부정을 한다. 따라서 "从来没写过"로 고쳐야 한다.

(10) "根本"은 부정부사와 함께 자주 사용하는 부사이다. 문장의 의미로 보면 "了解"의 앞에 와서 수식하는 부사로는 "完全"이 적절하다.

(11) "太"는 정도가 지나침을 나타낼 때 사용하는데, 이 문장에서는 "好吃"의 정도가 높음을 나타내므로 정도부사 "很"이나 "非常"을 사용하는 것이 적절하다.

(12) "买到"는 결과보어 "到"가 붙은 구조이므로 부정은 "没"로 해야 한다.

(13) 문장은 시간의 늦음을 나타내고 있는데 부사 "才"는 시간을 나타내는 말 뒤에서 시간의 늦음을 나타낼 수 있으므로 맞는 문장이다.

(14) 나이가 어린 것을 나타낼 때는 나이를 나타내는 말의 뒤에 "就"를 사용해야 한다. "才"를 "就"로 고쳐야 한다.

(15) 시간의 늦음을 나타내야 하는 문장이므로 시간을 나타내는 말 뒤에 나오는 "就"를 "才"로 고쳐야 한다.

(16) "又"는 "一+양사+又+一+양사"의 형식으로 사용되어 수량이나 횟수가 많음을 나타내기 때문에 문제에서 "再"를 "又"로 고쳐야 한다.

(17) 정도부사 "很"은 어기조사 "了"와 함께 사용하지 않는다. 따라서 "了"를 삭제한다.

10장

::: 개사와 상용 개사 :::

(1) 술어의 앞에서 부사어로 술어의 동작과 서로 관련이 있는 대상을 나타낼 때는 "对于"를 사용한다. 따라서 "关于"를 "对于"로 고쳐야 한다.

(2) 관형어로 쓰인 구를 이끄는 개사는 "关于"로 "对于"를 "关于"로 고쳐야 한다.

(3) "朋友"는 사람을 나타내는 명사로서 대상을 나타낼 때는 "对"를 사용한다. "在"를 "对"로 고쳐야 한다.

(4) "生活"는 목적어를 가질 수 없는 동사로서 뒤에 개사 "在"를 붙여서 목적어를 이끈다.

(5) "城里"가 공간 거리의 기준점으로서 거리를 나타내고 있다. 이때 기준점의 앞에는 개사 "离"가 사용된다. "跟"을 "离"로 고쳐야 한다.

(6) 개사구 "向你"는 술어의 앞에 와야 하는데, "感谢"는 뒤에 감사하는 대상이 목적어로 올 수 있어 개사구로 대상을 이끌 필요가 없다. "感谢你"로 고쳐야 한다.

(7) 동사 "介绍"의 앞에 쓰일 수 있는 말은 "向"으로 이루어지는 개사구로서, 개사 "朝"는 쓰일 수 없다.

(8) 동사의 뒤에서 방향을 나타내는 개사로 양방향을 나타내는 개사는 "往"이다. 따라서 술어 뒤의 개사 "向"을 "往"으로 고친다.

(9) "聊天"은 화자와 동작의 대상이 서로 관련이 있는 동작으로 개사 "跟"이 동작과 관련 있는 사람을 나타내는 데 쓰인다. "对"를 "跟"으로 고쳐야 한다.

(10) 개사의 뒤에는 시태조사 "着"가 올 수 없다. "着"를 삭제한다.

(11) (10)번 문제와 동일한 규칙으로 개사 "往" 뒤의 "着"를 삭제한다.

(12) 원래의 화제 이외에 또 이와 관련이 있는 다른 화제를 이끌어낼 때는 "至于"가 사용되어야 한다. "对于"를 "至于"로 바꾸어야 한다.

(13) "往"은 대상이 아닌 단순한 방향만을 나타낼 수 있으므로 장소를 나타내는 명사와만 결합할 수 있다. 따라서 "他"를 장소를 나타내는 "他那儿"로 고쳐서 사용해야만 한다.

(14) 출처를 나타낼 때에는 개사 "由"를 사용한다. "从"은 시작 지점을 나타내는데 주로 사용한다.

(15) 술어의 뒤에 사용하여 장소를 나타내는 말이 올 수 있는 개사는 "自"가 있다. "在"를 "自"로 고친다.

(16) 방향이 아닌 목적을 나타내는 개사는 "为"를 사용하여야 한다.

::: 把자문과 被자문 :::

(1) 把자문의 동사 술어는 보어나, "了" 등의 다른 성분 없이 그대로 사용될 수 없다. 이 문장은 "翻译"의 뒤에 결과보어 "成"이 쓰여야 한다.

(2) "把"로 이끌어지는 개사구는 동사 술어 앞에 놓여야 한다. 따라서 "把我的脚放在他身上"으로 고쳐야 한다.

(3) 把자문의 시량보어는 동사 술어의 뒤에 놓여야 한다. 따라서 "延长了近5个月"로 보어를 뒤에다 놓는다.

(4) 把자문의 목적어는 반드시 말하는 사람과 듣는 사람이 인식하고 있는 것으로 한정적이지 않은 의미를 나타내는 "一"를 사용할 수 없다. "一瓶"을 "这一瓶"이나 "那一瓶"으로 고쳐야 한다.

(5) 把자문의 동사 술어의 보어로 가능보어를 사용할 수 없다. 따라서 이 문장은 把자문을 사용하지 않고 목적어를 가능보어의 뒤에 놓아 "我永远忘不了1998年的那个冬天"으로 고쳐야 한다.

(6) 把자문에서 조동사는 把자문의 앞에 와야 한다. 따라서 "必须把……"로 어순을 고쳐야 한다.

(7) "提高"는 "향상되다"의 의미로 이미 결과적인 의미가 담겨있는 단어로 그 뒤에 다른

성분이 오지 않고도 把자문의 술어로 사용될 수 있다.

(8) 부정부사는 "把"자의 앞에 위치하므로 "从来没有把……"로 어순을 고쳐야 한다.

(9) 사물의 존재를 나타내는 동사 "有"는 把자문의 술어로 사용할 수 없다. 따라서 문장은 把자문을 사용하지 않고 "我有了新的想法"로 고쳐야 한다.

(10) 동작의 대상이 주어로 사용된 의미상의 피동문이므로 "被"를 사용할 필요가 없다. 따라서 "被"를 삭제한다.

(11) 조동사는 "被"자의 앞에 사용 되어야 한다. 따라서 문장은 "都能被老师引导……"로 고친다.

(12) 被자문의 주어는 이미 아는 것으로 한정적이어야 한다. 따라서 수사 "一"를 사용할 수 없다. 수사의 앞에 지시대명사 "那"를 붙여서 주어를 "那一张信封"으로 고친다.

(13) 被자문에서 부정부사는 "被"자의 앞에 온다. 따라서 이 문장은 "还没被他们所遗忘"으로 고친다.

(14) 被자문의 동사 술어는 원래 동사만으로 사용될 수 없다. 그 뒤에 부가 성분이 함께 사용되어야 한다. 이 문장에서는 술어 뒤에 조사 "了"를 붙여서 "丢了"로 사용해야 한다.

(15) 사람이 느껴서 아는 것을 나타내는 동사인 "听见"은 被자문에서 사용될 수 있다. 따라서 이 문장은 맞는 문장이다.

(16) 자신의 신체 동작을 나타내는 동사 "举"는 被자문에 쓸 수 없다. 그러나 把자문에는 사용할 수 있으므로 문장은 "班长先把手举了起来"로 고쳐야 한다.

11장 조사

(1) 술어에 대한 상태를 나타내기 위해서는 보어의 앞에 구조조사 "得"를 넣어서 사용해야 한다. 따라서 "说得真好"로 고쳐야 한다.

(2) 쌍음절 형용사가 부사어로 쓰이면 일반적으로 "地"를 붙인다. 형용사 "清楚"의 뒤에 "地"를 붙여서 "非常清楚地"로 고쳐야 한다.

(3) (2)번 문제와 동일한 유형으로 쌍음절 형용사가 부사어로 쓰이면 일반적으로 "地"를 붙이기 때문에 이 문장에서 형용사 "愉快"는 "愉快地"로 고쳐야 한다.

(4) 단음절 형용사는 부사어로 사용될 때 조사 "地"를 붙이지 않는다. 따라서 "多" 뒤에

있는 "地"를 삭제하고 "多听多说"로 고쳐야 한다.

(5) (1)번과 동일한 유형으로 상태보어를 이끌기 위해서는 술어와 보어의 사이에 조사 "得"를 넣어야 한다. 따라서 "唱得好, 哪个唱得差"로 고쳐야 한다.

(6) 관형어가 중심어를 수식할 때에는 중심어의 앞에 조사 "的"를 사용해야 한다. "他钱"을 "他的钱"으로 고쳐야 한다.

(7) "所想象"은 "所+동사"구조로 뒤의 명사를 수식하려면 조사 "的"가 있어야 한다. "所想象的人"으로 고쳐서 사용해야 한다.

(8) "吃" 동사의 동작이 이미 완성된 후에 학교에 간다는 동작을 하는 것이므로 "吃" 동사의 뒤에 "了"를 붙인다.

(9) 자주 반복적으로 일어나는 일에서는 조사 "了"를 생략할 수 있다. "了"를 삭제하고 "去那儿"로 사용해야 한다.

(10) 심리적으로 활동을 나타내는 동사는 조사 "了"를 사용하지 않는다. "喜欢了"의 "了"를 삭제한다.

(11) "放"은 지속의 상태를 나타내고 있으므로 "放"의 뒤에 조사 "着"를 붙여야 한다.

(12) "正在"는 동작의 진행을 나타내고, "着"는 동작이 발생한 후에 줄곧 지속하는 일종의 상태를 나타내는데, 이 문장에서는 마침 진행되고 있는 동작이므로 "着"를 삭제한다.

(13) 지속을 나타내지 못하는 동사는 조사 "着"를 사용할 수 없다. "停止"는 지속하는 동작이 아니므로 "着"를 삭제한다.

(14) "结婚"은 술어와 목적어로 이루어진 동사로 만약 조사가 사용되어야 한다면 술어의 뒤에 사용되어야 한다. 따라서 조사 "过"를 "结婚"의 사이에 넣어 "结过婚"으로 고쳐야 한다.

(15) 어기조사 "了"를 부정할 때 "没"를 사용하여 부정하는데, 이때 문장 끝의 조사 "了"는 생략한다.

(16) "여태까지 말한 적이 없다"는 과거의 경험을 나타내고 있으므로, 과거의 경험을 나타내는 조사 "过"를 술어의 뒤에 놓아야 한다.

(17) "的时候"가 사용된 문장에서는 조사 "了"를 생략한다. "看见了"의 "了"를 삭제한다.

(1) 뒤에 있는 단문이 앞 단문의 의미와 대조해 의외의 결과를 나타내므로 "反而"을 사용해서 그 의미를 나타내야 한다.

(2) 앞뒤 단문의 의미가 전환 관계의 의미이고 앞 단문에는 "虽然"이 있으므로 뒤의 단문에 접속사 "可是"를 넣어서 문장을 완성한다.

(3) 뒤에 있는 단문이 앞 단문보다 한층 발전된 의미를 나타내는 점층 관계 문장으로서 뒤의 단문 앞에는 "而且"를 넣어서 고쳐야 한다.

(4) (3)번 문제와 동일하게 점층 관계 의미의 복문으로 뒤의 단문 앞에 "但是"를 "而且"로 바꾸어야 한다.

(5) 앞뒤 단문의 내용은 조건 관계의 의미를 나타내, 반드시 필요한 조건이 갖추어지면 어떠한 결과가 생기는 것을 나타내고 있다. 따라서 "才"를 "就"로 고쳐야 한다.

(6) 앞의 단문에 접속사 "只有"가 있고, 이 문장의 의미는 유일한 조건 아래서 뒤의 단문의 결과가 도출되는 것을 나타내므로 "就"를 "才"로 바꾼다.

(7) "就"는 관련부사로서 뒤의 단문의 주어가 있으면 주어의 뒤에 위치한다. 따라서 "咱们"의 뒤에 위치해야 한다.

(8) 앞의 단문에 "还是"가 사용되어 가정의 뜻을 나타내므로 "不管"을 사용하여 조건 관계를 나타낼 수 있다. 뒤의 단문에는 조동사 "会"의 앞에 부사 "都"를 넣는다.

(9) 두 가지 항목 가운데 뒤의 항목을 선택하는 관계이므로 "就是"를 "而是"로 고쳐서 사용한다. "不是……就是……"는 앞의 항목을 선택하거나 또는 뒤의 항목 하나를 선택하는 경우에 사용한다.

(10) 두 가지 항목 가운데 하나를 선택하는 경우이므로 접속사 "不是……就是……"를 사용해야 한다. 따라서 접속사 "而是"를 "就是"로 고친다.

(11) 앞뒤 단문이 전환 관계의 의미를 나타내고 있으므로 뒤의 단문의 접속사 "只是"를 "但是"로 고쳐야 한다.

(12) 문장은 두 가지 사항을 비교를 통해서 앞의 항목을 취하고 뒤의 항목을 버리는 의미로 접속사 "与其……, 不如……"는 앞의 것을 버리고 뒤의 것을 취한다는 의미이다. 따라서 접속사 "与其……, 不如……"를 "宁可……, 也不……"로 고쳐야 한다.

(13) 문장은 두 동작이 동시에 진행하는 의미를 나타내는 것이 아니므로 "一边……, 一

边……"을 사용해서는 안 된다. 하나의 주어가 가지고 있는 두 가지 상태를 나타낸 것이므로 "又……又……"로 고쳐야 한다.

(14) 하나의 주어가 가지고 있는 두 가지 상태를 나타낸 것이므로 "又……又……"를 사용하는 것이 적절하다. "也……也……"는 서로 다른 주어가 두 동작이나 상태가 동시에 존재하는 것을 주로 나타낸다.

(15) 어떠한 가정 아래에서도 결과는 변하지 않는다는 의미를 나타내므로 접속사 "即使……, 也……"는 조건 관계 접속사인 "无论……, 都……" 구문을 사용하여 고쳐야 한다.

(16) 앞뒤 단문이 원인과 결과의 의미 관계를 나타내고 있으므로 접속사 "无论……, 都……"를 "因为……, 所以……"로 고쳐야 한다.

(17) 접속사 "不论"은 조건 관계의 의미를 나타내는 접속사이므로 뒤의 단문에는 관련부사 "也"를 사용해야 한다. "最后也难免败亡"으로 고친다.

18장 관형어

(1) "调查"가 관형어로 쓰이면 대부분 명사로 쓰여 묘사적 역할을 하여 조사 "的"를 사용하지 않는다. "调查" 뒤의 "的"를 삭제한다.

(2) 수량사구 관형어는 조사 "的"를 사용하지 않는다. "一次" 뒤의 "的"를 삭제한다.

(3) 의문대명사 "怎样"이 관형어로 사용되고 있으므로 그 뒤에 조사 "的"를 붙여서 사용해야 한다.

(4) 형용사구 뒤에 조사 "的"를 붙여야 한다. "非常热情的人"으로 고쳐야 한다.

(5) "先进"은 쌍음절 형용사이지만 뒤의 명사와 습관적으로 어울려 사용하여 조사 "的"를 사용하지 않는다. "先进" 뒤의 조사 "的"를 삭제한다.

(6) 쌍음절 형용사 관형어의 뒤에는 조사 "的"를 사용해야만 한다. 따라서 "严肃的态度"로 고친다.

(7) 재료를 나타내는 명사 뒤에 조사 "的"를 사용하지 않는다. 따라서 "塑料" 뒤의 조사 "的"를 삭제한다.

(8) 직업을 나타내는 명사 뒤에 조사 "的"를 사용하지 않는다. 따라서 "棒球" 뒤에 있는 조사 "的"를 삭제하여 "棒球教练"으로 사용한다.

(9) 고유명사 뒤에는 조사 "的"를 사용하지 않는다. 고유명사인 "仁川" 뒤에 있는 조사

"的"를 삭제한다.

(10) 동사가 관형어로 사용되면 그 뒤에 "的"를 사용한다. 동사 "休息" 뒤에 조사 "的"를 첨가한다.

(11) 사자성어가 관형어로 사용되면 그 뒤에 조사 "的"를 사용한다. "不翼而飞的现象" 으로 고친다.

(12) 개사구가 관형어로 사용되면 그 뒤에 조사 "的"를 사용한다. 따라서 "一起吃饭 的……"로 고친다.

(13) (12)번과 동일한 문제로 개사구 "关于它" 뒤에 조사 "的"를 넣는다.

(14) 순서를 나타내는 말 뒤에는 조사 "的"를 사용하지 않는다. "第一" 뒤에 있는 조사 "的"를 삭제한다.

(15) 단음절 형용사가 관형어로 사용되면 그 뒤에 조사 "的"를 사용하지 않는다. 따라서 단음절 형용사 "新" 뒤에 있는 조사 "的"를 삭제한다.

(16) 단체를 나타내는 말 뒤에는 조사 "的"를 사용하지 않는다. 따라서 "我们" 뒤에 있는 조사 "的"를 삭제한다.

19장 부사어

(1) 부사는 문장에서 술어의 앞에 위치하여 부사어로 사용된다. 부사 "只"는 술어 "参加" 의 앞에 놓여야 한다.

(2) 개사구는 관련부사의 앞에 위치해야 한다. 따라서 개사구 "从小"를 부사 "就"의 앞 에 놓는다.

(3) 대상을 나타내는 말은 시간부사의 뒤에 놓아야 한다. 따라서 대상을 나타내는 개사구 "给一个五六岁的小女孩"를 시간부사 "正在"의 뒤에 놓아야 한다.

(4) 시간명사가 관련부사의 앞에 놓인다. 따라서 시간명사 "明天"이 부사 "也"의 앞에 위 치한다.

(5) "在"는 시간부사로 동사의 앞에서 진행을 나타내므로 동사의 앞에 위치한다. "一直" 는 "在"의 앞에 위치하면 된다.

(6) 부사어가 동작자를 묘사하면 부사어의 뒤에는 조사 "地"를 반드시 붙여야 하므로 형 용사 "认真"의 뒤에 "地"를 붙여서 사용해야만 한다.

(7) (6)번과 동일한 문제로 동작자를 묘사하는 형용사 "热情"의 뒤에 조사 "地"를 붙여야 한다.

(8) "全力以赴"가 동작자를 묘사하고 있으므로 그 뒤에 "地"를 붙여야 한다.

(9) 단음절 형용사가 부사어로 쓰이면 그 뒤에 조사 "地"를 붙이지 않는다. 따라서 "早"와 "晚"의 뒤에 사용된 조사 "地"를 삭제한다.

(10) 시간명사의 뒤에는 조사 "地"를 사용하지 않는다. 따라서 "22点22分地"의 조사 "地"를 삭제한다.

(11) 대명사 뒤에는 조사 "地"를 사용하지 않으므로 대명사 "这么" 뒤에 있는 조사 "地"를 삭제한다.

(12) "常常"은 한정성 부사어로서 술어 앞에서 부사어로 사용될 때, 그 뒤에 조사 "地"를 사용하지 않는다. "常常" 뒤에 조사 "地"를 삭제한다.

(13) 형용사 중첩 뒤에는 조사 "地"를 사용하여 묘사를 강화한다. 따라서 형용사 중첩 "好好" 뒤에 조사 "地"를 붙인다.

(14) 방식을 나타내는 부사어 "怎么样"은 술어 "理解"의 앞에 놓여야 한다. 따라서 "怎么样理解"로 어순을 고친다.

(15) 관련부사는 범위부사의 앞에 위치한다. 부사 "就"가 범위부사 "都"의 앞으로 이동해야 어순이 맞게 된다.

(16) 형용사 "痛快"는 동작자를 묘사하므로 그 뒤에 조사 "地"를 붙여야 하고, 부사 "就"는 1음절 관련부사이므로 부사어 "痛快地"의 앞에 놓여야 한다.

20장

::: 결과보어와 방향보어 :::

(1) 술어와 결과보어 사이의 관계는 긴밀하므로 그 사이에 시태조사 "了"가 들어갈 수 없다. 따라서 "买到了……"로 고쳐야 한다.

(2) 보어는 술어의 뒤에 위치한다. "说话"는 "술어+목적어" 구조로 보어는 술어 "说"의 뒤에 보어 "完"이 들어가야 한다.

(3) 결과보어는 이미 일어난 일이므로 부정은 부사 "没"로 한다. 따라서 부사 "不"를 "没"로 고쳐야 한다.

(4) "理发"는 "술어+목적어" 구조로 보어는 술어의 뒤에 놓여야 한다. 따라서 "理完了发"로 고쳐야 한다.

(5) "기억하다"로 고정의 의미를 나타내려면 술어 "记"의 뒤에 고정의 의미를 나타내는 결과보어 "住"를 붙여야 한다.

(6) "어떤 장소에 멈추다"라는 의미를 나타내려면 "停"의 뒤에 보어 "在"를 붙여서 나타낸다. 따라서 "停上"의 "上"을 삭제하고 "在"를 넣어서 사용한다.

(7) 어떤 동작이 목적에 도달하였음을 나타내는 보어 "着"를 "睡"의 뒤에 넣어서 "睡着了"로 고친다.

(8) 동작을 통하여 대상이 또 다른 것으로 변화함을 나타낼 때는 보어 "成"을 사용한다. "被译到……"를 "被译成……"으로 고친다.

(9) 어려운 목적에 도달하였음을 나타내는 경우이므로 보어 "上"을 사용할 수 있다. 따라서 "考上去……"는 "考上"으로 고쳐야 한다.

(10) 동작의 완성이나 완료를 나타내므로 결과보어 "完"을 사용하면 된다. "学成了……"는 "学完了……"로 고친다.

(11) 목적어가 장소를 나타내므로 단순 방향보어의 앞에 와야 한다. 즉, 술어와 보어의 사이에 들어가므로 "进屋去"로 고쳐야 한다.

(12) "跳舞"는 "술어+목적어"의 구조이므로 목적어는 복합 방향보어의 사이에 놓인다. 즉, "跳起舞来"로 고쳐야 한다.

(13) 목적어가 일반 보통명사 "一本书"인데, 보통명사는 보어의 앞이나 뒤에 모두 올 수 있다. "拿出一本书来" 또는 "拿出来一本书"로 나타낼 수 있다.

(14) 대명사가 목적어로 나올 때는 복합 방향보어의 사이에 들어간다. 따라서 "认不出她来了"로 고쳐야 한다.

(15) 동작이 계속해서 진행되는 의미를 나타내려면 복합 방향보어 "下去"를 술어의 뒤에 붙여서 사용한다. "讲下来……"를 "讲下去……"로 고친다.

(16) 회복의 의미를 나타낼 때에는 술어의 뒤에 복합 방향보어 "过来"를 붙여서 사용한다. 따라서 "醒上来"를 "醒过来"로 고쳐야만 한다.

(17) 고정의 의미를 나타낼 때는 술어 뒤에 복합 방향보어 "下来"를 사용한다. 따라서 "记出来"를 "记下来"로 고쳐야 한다.

(18) 분리의 의미를 나타낼 때는 술어 뒤에 복합 방향보어 "下来"를 붙여서 나타낸다. 따

라서 "脱起来"를 "脱下来"로 고쳐야 한다.

::: 정도보어와 상태보어 :::

(1) "要命"이 보어로 쓰이면 술어의 뒤에 "得"를 사용해야 하므로 "忙了要命"의 "了"를 "得"로 고친다.

(2) 比 비교문에서 "훨씬"의 의미로는 술어의 뒤에 보어로 "多"를 사용한다. 따라서 "好极了"를 "好多了"로 고쳐야 한다.

(3) 보어가 목적어 뒤에 바로 올 수 없으므로 "聊天聊得很开心"이나 "天聊得很开心"으로 고쳐야 한다.

(4) "好"는 결과보어가 아닌 상태보어를 사용해야 하므로 "唱好"가 아니라 "唱得好"로 고쳐야 한다.

(5) "差" 뒤에 사용된 "远"은 정도보어로서 "得"를 사용하지 않았으므로 "了"를 꼭 붙여야 한다. 따라서 "差远了"로 고쳐야 한다.

(6) 상태보어의 부정은 술어가 아니라 상태보어 자체를 부정한다. 따라서 "洗得不干净"으로 고쳐야 한다.

(7) "下雪" 뒤에 바로 보어가 나오는 것이므로 "雪下得特别大"로 고쳐서 상태보어로 사용하여야 한다.

(8) "跑" 등의 동량사로 "왕복"의 의미를 나타내는 것은 "趟"이 있다. "跑一阵"을 "跑一趟"으로 고쳐야 한다.

(9) "电话"는 일반명사이므로 동량보어는 그 앞에 온다. 즉, "술어+동량보어+명사"의 형식으로 사용한다. 따라서 "打好几次电话"로 고쳐야 한다.

(10) 술어 뒤에 동량보어가 나오는데 만약 대명사 목적어가 나오면 "술어+대명사+동량보어"의 어순으로 대명사는 술어와 동량보어의 사이에 나와야 한다. 따라서 "找他三次"로 고쳐야 한다.

(11) "开会"는 "술어+목적어" 구조의 동사로서 시량보어는 그 사이에 와야 한다. 따라서 "开了两个小时会"로 고쳐야 한다.

(12) (11)번과 동일한 문제로 "谈话"는 "술어+목적어" 구조의 동사로서 시량보어는 그 사이에 와야 한다. 따라서 "谈了15分钟的话"로 고쳐야 한다.

(13) (11), (12)번과 동일한 문제로 "生病"은 "生了一个月的病"으로 고쳐야 한다.

(14) 지명을 나타내는 말은 술어와 시량보어의 사이에 와야 한다. 따라서 "到北京一天"으로 어순을 고친다.

(15) 대명사 목적어는 술어 뒤에 시량보어가 사용될 때 술어와 시량보어의 사이에 사용되므로 "看了他一会儿"로 고쳐야 한다.

(16) 술어 뒤에 시량보어가 나올 때 일반명사는 시량보어의 뒤에 놓인다. 따라서 "学了一年中文"으로 어순을 고친다.

::: 가능보어와 개사구보어 :::

(1) 문장의 의미는 불가능의 의미를 나타내야 하므로 "听得懂"이 아니라 "听不懂"이 되어야 한다.

(2) 문장의 의미는 불가능의 의미를 나타내야 하므로 "记住"가 아니라 "记不住"로 고쳐야 한다.

(3) 불가능의 의미인 "不能"이 있으므로 가능보어를 사용할 수 없다. 따라서 "不能"의 "不"를 삭제한다.

(4) 把자문에는 가능보어를 사용할 수 없으므로 "买得掉"의 "得"를 삭제하고 결과보어로 사용해야 문장이 성립한다.

(5) 비싸서 먹을 수 없을 때에는 "吃不了"가 아니라 "吃不起"를 사용해야 한다.

(6) 동작이 완성될 수 있는지 없는지를 나타내는 문장이므로 "解决不着"가 아니라 "解决不了"로 고쳐야 한다.

(7) 잠을 이룰 수 없다는 동작이 목적을 달성할 수 없음을 나타내므로 "睡不着觉"로 고쳐야 한다.

(8) 돌아올 수 없음을 나타내는 불가능의 의미를 나타내는 보어이므로 "不回来"를 "回不来"로 고쳐서 사용해야 한다.

(9) (8)번과 동일한 문제로 "不看见"을 "看不见"로 고쳐서 불가능의 의미를 나타내야 한다.

(10) 연동문의 첫 번째 동사는 가능보어를 쓸 수 없다. 따라서 "去不了"를 "不能去"로 고쳐서 사용해야 한다.

(11) 가능보어를 나타내는 말 중간에 시태조사 "了"를 넣을 수 없다. 따라서 "写不完了"로 고쳐야 한다.

(12) 문장은 "팔다"는 동작을 통해서 위치를 변화시킬 수 있는지의 여부에 대하여 나타내

고 있으므로 “卖不去”를 “卖不动”으로 고쳐야 한다.

(13) 경제적 능력과 관련된 것은 보어 “起”를 붙여서 사용해야 한다. 따라서 “买不下”를 “买不起”로 고쳐야 한다.

(14) 수용할 수 있음을 나타낼 때에는 보어 “下”를 사용해야 한다. 따라서 “坐得来”를 “坐得下”로 고쳐서 사용해야 한다.

(15) “살다”는 어려운 목적을 달성함을 나타내려면 “上”을 붙여야 한다. 따라서 “住得了”를 “住得上”으로 고쳐야 한다.

(16) 동작의 고정을 나타내는 보어는 “住”이다. 따라서 “记不起”를 “记不住”로 고쳐야 한다.

(17) 술어의 뒤에 쓰여서 “~로 부터”라는 의미를 나타내는 개사는 “自”이다. 따라서 “来自”로 고쳐서 사용해야 한다.

21장 특수 구문

(1) 이중목적어 술어문에서 목적어1인 대상과 목적어2인 사물이 서로 바뀌면 안 된다. 따라서 “送给她15只大螃蟹”로 고쳐야 한다.

(2) 이중목적어 술어문에서 대상을 개사구로 이끌어 놓으면 안 된다. 따라서 “教我们一个简单的方法”로 고쳐야 한다.

(3) 목적어1과 목적어2 사이에는 조사 “的”를 사용하지 않는다. 따라서 두 목적어 사이에 있는 조사 “的”를 삭제한다.

(4) 술어 “通知” 뒤에 나오는 목적어 대상을 개사로 이끌 수 없다. 따라서 “他”를 목적어1의 자리에 놓아 “通知他上班”으로 고쳐야 한다.

(5) 동사 “去” 뒤에는 목적지를 나타내는 말이 주로 온다. 따라서 목적지 “图书馆”을 동사 뒤에 놓아 “去图书馆”으로 어순을 고쳐야 한다.

(6) 목적어1 “机场”과 목적어2 “我” 사이의 관계가 명확하지 않으므로 목적어2의 앞에 적당한 동사를 넣어 의미를 알맞게 고쳐야 한다. 공항에 마중하러 가는 것이므로 동사 “接”를 목적어2의 앞에 놓는다. 따라서 “到机场接我”로 어순을 고친다.

(7) 동사구1이 동사구2의 방식을 나타내므로 동사1 “戴”의 뒤에 “着”를 붙인다. 따라서 “戴着帽子吃晚饭”으로 고친다.

(8) "在这里"는 부사어로서 술어의 앞에 놓여야 한다. 따라서 "在这里"를 동사2인 "签"의 앞에 놓아 "你在这里签个字"로 어순을 재배열한다.

(9) 겸어문에서 조동사는 첫 번째 동사의 앞에 놓아야 한다. 조동사 "可以"를 첫 번째 동사 "分配"의 앞에 놓는다.

(10) "请"은 겸어동사로서 그 뒤의 목적어 "很多朋友"로 하여금 다른 동작을 하게 한다. 목적어 뒤에 동작을 나타내는 말이 와야 하는데 명사 "家里"가 와서 어순이 맞지 않는다. "家里" 앞에 동사 "来"를 붙여서 동작을 나타낸다.

(11) (9)번과 동일한 문제로 겸어문에서 조동사는 겸어동사의 앞에 온다. 따라서 조동사 "能"을 겸어동사 "让"의 앞에 놓아 어순을 알맞게 배열한다.

(12) 존현문의 목적어는 확정적이지 않은 것이 나오므로 "那个人"이 아니라 "一个人"으로 고쳐서 사용해야 한다. "门口走进来一个人"으로 고친다.

(13) 존현문의 주어 앞에 개사 "从"을 붙일 필요가 없다. 따라서 "从"을 삭제한다.

(14) 존현문의 주어 앞에 개사 "在"를 붙일 필요가 없다. 따라서 "在"를 삭제한다.

(15) 존현문에서 "존재"의 의미를 나타내는 용법으로 술어 뒤에 "着"를 붙인다. 따라서 문장의 술어 뒤에 "着"를 붙여서 "放着"와 "堆着"로 고친다.

(16) 존현문에서 "출현"의 의미를 나타내고 "昨天"이라는 과거를 나타내는 말이 있으므로 술어 "发生" 뒤에 "了"를 붙인다.

22장 비교문

(1) 比 비교문에서는 정도가 일반적이지 않음을 나타내는 정도부사를 쓸 수 없다. 정도부사 "很"도 역시 쓸 수 없다. 따라서 "很"을 삭제한다.

(2) "太"는 정도부사이므로 比 비교문에 사용할 수 없다. 정도부사 "太"를 부사 "还"로 고쳐야 한다.

(3) "이전과 같다"라는 의미를 나타내야 하므로 "以前" 앞에 "跟"을 붙여 "跟以前一样"으로 고쳐서 사용해야 한다.

(4) 比 비교문의 부정은 "没有"로 한다. 따라서 "没有昨天晚上那么强健"으로 고쳐야 한다.

(5) 부사어는 비교문 술어의 앞에 놓여야 하므로 이 문장은 "先走一步"로 바꾼다.

(6) 비교 대상이 서로 같을 때 앞의 것은 생략하지 않고 뒤의 것에 중심어를 생략하는 것

이 통상적인 원칙이다. 따라서 "今天的态度比昨天的"로 중심어를 생략한다.

(7) "非常"은 정도부사이므로 比 비교문에 함께 사용할 수 없다. 따라서 "非常"을 삭제하고 "更早"나 "早得多"로 고쳐야 한다.

(8) (7)번과 동일한 문제로 "很"은 정도부사이다. 따라서 比 비교문에 함께 사용할 수 없다. "很"을 삭제하여 "还"를 사용하여 문장을 고친다.

(9) (7), (8)번과 동일한 문제로 "很"은 정도부사이다. 따라서 比 비교문에 함께 사용할 수 없다. "很"을 삭제하고 "更"을 사용하여 "更糟"로 고친다.

(10) "一样" 앞에 "조금의 차이도 없음"의 의미를 나타내는 부사를 붙이려면 "完全"을 사용한다. "一样" 앞에 "很"을 삭제하고 "完全"을 붙인다.

(11) "跟……一样" 비교문을 부정할 때는 "一样"을 부정하여 "不一样"으로 사용해야 한다. 따라서 "跟你们不一样"으로 고친다.

(12) "内容"은 비교 부분으로 "一样"의 앞에 와야 한다. 따라서 "和书的内容一样"으로 고쳐야 한다.

(13) "一样"이 뒤에 나오는 술어를 수식할 때는 조사 "地"를 붙이지 않는다. 따라서 "一样丰富", "一样充实"와 같이 앞뒤의 "地"를 삭제한다.

(14) (10)번과 동일한 문제로 "一样" 앞에 "很"을 삭제하고 "完全"을 붙인다.

(15) "越来越……" 비교문은 형용사가 정도가 더 깊어져서 이전보다 정도가 더욱 높다는 의미를 나타내므로, 형용사가 정도를 나타내는 말의 수식을 받지 않는다. 따라서 "多"를 삭제하고 "越来越便宜了"로 고친다.

(16) "越来越……" 비교문을 "长得……" 뒤에 놓아 보어로 연결하여야 한다.

北京大学中文系, ≪现代汉语虚词例释≫, 北京语言文化大学, 2003

陈小孟, ≪现代汉语动词例释≫, 北京师范大学出版社, 2011

程美珍, ≪汉语病句辨析九百例≫, 华语教学出版社, 2004

侯学超, ≪现代汉语虚词词典≫, 北京大学出版社, 1998

刘月华, ≪实用现代汉语语法≫, 商务印书馆, 2001

刘月华, ≪汉语语法难点释疑≫, 华语教学出版社, 2004

吕叔湘, ≪汉语八百词≫, 商务印书馆, 1999

吕叔湘, ≪汉语语法分析问题≫, 商务印书馆, 1979

卢福波, ≪对外汉语教学实用语法≫, 北京语言文化大学, 2003

卢福波, ≪对外汉语常用词语对比例析≫, 北京语言义化大学, 2000

陆俭明, ≪现代汉语语法研究教程≫, 北京大学出版社, 2003

李大忠, ≪外国人学汉语汉语语法偏误分析≫, 北京语言文化大学, 1997

李临定, ≪现代汉语句型≫, 商务印书馆, 2011

李临定, ≪现代汉语疑难词词典≫, 商务印书馆, 2002

李宗江, ≪汉语新虚词≫, 上海教育出版社, 2011

孟庆海, ≪汉语动词用法词典≫, 商务印书馆, 1996

孟庆海, ≪汉语形容词用法词典≫, 商务印书馆, 2004

HSK研究对策组, ≪通过HSK≫, 华夏出版社, 1997

彭小川, ≪对外汉语教学语法释疑201例≫, 商务印书馆, 2005

王国璋, ≪现代汉语重叠形容词用法例释≫, 商务印书馆, 1996

吴中伟, ≪外国人学汉语难点释疑≫, 北京语言大学出版社, 2004

邢福义, ≪汉语语法三百问≫, 商务印书馆, 2004

张谊生 , ≪现代汉语副词分析≫, 上海三联书店, 2010

赵新, ≪实用汉语近义虚词词典≫, 北京大学出版社, 2013

朱德熙, ≪语法讲义≫, 商务印书馆, 1982

朱德熙, ≪语法答问≫, 商务印书馆, 1985

朱德熙, ≪朱德熙文集≫, 商务印书馆, 1999

王维贤, ≪语法学词典≫, 浙江教育出版社, 1992

장흥석, ≪普遍语法原则与现代汉语兼语句研究≫, 박사논문, 2008

장흥석, ≪现代中国语动词重叠研究≫, 석사논문, 2004

장흥석, ≪현대한어≫, 다산출판사, 2014

中国社会科学院语言研究所, ≪现代汉语词典≫, 商务印书馆, 2002

林杏光, ≪现代汉语动词大词典≫, 北京语言学院出版社, 1994

Charles N. Li, ≪MANDARIN CHINESE A Functional Reference Grammar≫,
　　　　University of California Press, 1981

北京大学现代汉语语料库 http://ccl.pku.edu.cn:8080/ccl_corpus/index.jsp?dir=xiandai

BCC语料库 http://bcc.blcu.edu.cn/

장 흥 석

베이징사범대학교 현대 중국어 문법 전공 박사
고려대학교 현대 중국어 문법 전공 석사

협성대학교 초빙교수
중부대학교 중국학과 조교수
고려대학교, 인하대학교, 인천대학교, 인하공업전문대학 출강
「보편 문법 원칙과 현대 한어 겸어문 연구」(박사 논문)
「현대 중국어 동사 중첩 연구」(석사 논문)
『현대 한어』(역서)

베이징사범대학교 우수박사생 장학금 수상
고려대학교 석탑강의상 수상
인하대학교 교양 명강의 추천

YouTube 장흥석중국어 채널 운영